全国高职高专规划教材·国际贸易系列

国际货运代理实务

主　编　陈　晔　张　琦
副主编　王丽燕

内 容 简 介

本书以实习生小张在捷达国际货运代理有限公司的新员工培训项目为主线,采用项目模块编排方式。在对货代员岗位认知的基础上,将货代业务划分为货代合同的准备、货代合同的磋商与签订、货代合同的履行以及航空运输四个项目。每个项目按照货代工作流程分为若干个教学模块,每个模块下又根据货代员典型工作任务设计任务训练。每个教学模块包括了目的要求、任务训练、知识链接、延伸阅读等部分。

本书可作货运类相关专业教学用书,也可作为货代企业从业人员培训参考用书。

图书在版编目(CIP)数据

国际货运代理实务/陈晔,张琦主编.—北京:北京大学出版社,2013.8
(全国高职高专规划教材·国际贸易系列)
ISBN 978-7-301-22938-5

Ⅰ.①国⋯ Ⅱ.①陈⋯②张⋯ Ⅲ.①国际货运—货运代理—高等职业教育—教材 Ⅳ.①F511.41

中国版本图书馆 CIP 数据核字(2013)第 176443 号

书　　　名:国际货运代理实务
著作责任者:陈　晔　张　琦　主编
策划编辑:胡伟晔
责任编辑:桂　春
标准书号:ISBN 978-7-301-22938-5/F·3696
出版发行:北京大学出版社
地　　址:北京市海淀区成府路 205 号　100871
网　　址:http://www.pup.cn　　新浪官方微博:@北京大学出版社
电子信箱:zyjy@pup.cn
电　　话:邮购部 62752015　发行部 62750672　编辑部 62765126　出版部 62754962
印刷者:北京大学印刷厂
经销者:新华书店
　　　　787 毫米×1092 毫米　16 开本　11.25 印张　280 千字
　　　　2013 年 8 月第 1 版　2017 年 10 月第 3 次印刷
定　　价:26.00 元

未经许可,不得以任何方式复制或抄袭本书之部分或全部内容。
版权所有,侵权必究
举报电话:010-62752024　电子信箱:fd@pup.pku.edu.cn

前　言

随着国际贸易行业和运输方式的发展，国际货运代理已经渗透到国际商务活动的每个领域，成为国际贸易中不可缺少的重要组成部分。市场经济的迅速发展，使社会分工愈加趋于明确，单一的外贸经营者或者单一的运输经营者都没有足够的力量亲自处理每项具体业务，他们需要委托国际货运代理人为其办理相关业务。在这种需求背景下，国际货运代理应运而生。国际货运代理被誉为国际贸易的桥梁和国际货物运输的设计师，在国际贸易运输和国际物流的实践中起着举足轻重的作用。

新兴的国际货运代理行业需要大量高素质、专业型人才，这就为高等院校培养国际货运代理人才提供了巨大的市场空间，高职高专院校为社会培养和输送适应国际货运代理岗位需求的高技能型人才的作用也随之显得尤为重要。

本书在编写前期，调研了大量国际货运代理企业的货代员岗位，对货代员的工作任务进行归纳和整合，以货代员工作任务为驱动，以货运代理典型工作过程为主线编写教材内容。把相关知识的讲解贯穿于完成工作任务的过程中，通过具体的实施步骤完成各项工作任务。设计教学模块时，将学生定位于货代公司实习生，结合公司新进员工培训项目，做到模块与货代员工作任务相对接，重点培养学生货运市场开拓能力、货代业务操作能力和处理货运纠纷的能力。

在学习任务的设计上，遵循以下思路：明确学习目标（能力目标与知识目标）—设置工作情境（工作案例与任务提出）—分解工作任务（列出任务的实施步骤）—检验学习成果（提出和讨论解决方案）—巩固与测评。充分遵循了认知规律，既能激发学生学习兴趣，又能培养和锻炼学生的学习能力，还能提高可持续发展的能力和潜力。

参加本书编写的人员有：湖州职业技术学院陈晔（项目二、项目三、项目四）、湖州职业技术学院张琦（项目一、项目六）、福建对外经济贸易职业技术学院王丽燕（项目五、附录）。全书由陈晔、张琦担任主编，负责提供编写框架和统稿，王丽燕担任副主编。

本书在编写过程中，得到了湖州中远货运有限公司冯舒女士、湖州瑞科国际货运代理有限公司胡国强经理、浙江屹隆国际货运代理有限公司张俊杰先生的指导和帮助，并给本书提供了大量的资料。同时编者借鉴了不少专家学者的研究成果和著作，在此一并表示衷心的感谢。

由于编者水平有限，时间较紧，书中难免有疏漏和不足之处，敬请读者批评指正，以便再版时进行修订，不胜感激。

编　者

2013 年 7 月

目　　录

项目一　国际货运代理概述 ·· (1)
　　模块一　国际货运代理认知 ·· (1)
　　模块二　国际货运代理企业认知 ·· (5)
　　模块三　国际货运代理企业运行 ·· (9)
　　模块四　国际货运代理人员职业岗位认知 ··· (12)
　　项目小结 ··· (15)

项目二　海运货代业务的前期准备 ··· (18)
　　模块一　海运货船分类 ·· (18)
　　模块二　全球主要的承运人 ·· (24)
　　模块三　全球主要的航线 ·· (28)
　　模块四　集装箱认知 ·· (32)
　　模块五　集装箱配载 ·· (36)
　　模块六　船期表识读 ·· (38)
　　模块七　海运费计算 ·· (40)
　　项目小结 ··· (46)

项目三　海运货代合同的磋商与签订 ··· (49)
　　模块一　货代客户开发 ·· (49)
　　模块二　货代揽货 ·· (51)
　　模块三　货代业务磋商 ·· (54)
　　模块四　签订国际货代合同 ·· (58)
　　项目小结 ··· (63)

项目四　海运货代合同的履行 ··· (66)
　　模块一　出口订舱 ·· (66)
　　模块二　出口做箱 ·· (69)
　　模块三　出口报检 ·· (74)
　　模块四　出口报关 ·· (84)
　　模块五　提单的缮制与签发 ·· (96)
　　模块六　货运单证流转 ·· (106)
　　模块七　货代费用结算 ·· (110)
　　项目小结 ··· (115)

项目五　航空货代业务操作 ··· (120)
　　模块一　航空货物运输概述 ·· (120)

模块二 航空运输时差计算 …………………………………………………(125)
  模块三 航空货运业务分类 …………………………………………………(127)
  模块四 航空运费计算 ……………………………………………………(136)
  模块五 航空货运单的填制 …………………………………………………(144)
  项目小结 ……………………………………………………………………(149)

项目六 货代风险分析与防范 ……………………………………………………(152)
  模块一 货代业务风险分析 …………………………………………………(152)
  模块二 货代业务风险防范 …………………………………………………(155)
  项目小结 ……………………………………………………………………(159)

附录一 货代常用英语 ……………………………………………………………(161)
附录二 货代常用单据 ……………………………………………………………(165)
参考文献 …………………………………………………………………………………(173)

项目一
国际货运代理概述

我国作为世界重要的贸易大国,贸易量一直保持高速增长。国际货运代理是国际物流的一种重要形式,是为国际货运发货人和收货人提供委托办理运输及相关业务的行业。目前,我国 80% 的进出口贸易货物运输和中转业务,90% 的国际航空货物运输业务都是通过国际货运代理企业完成的。"十一五"期间,我国货运代理业务更是保持每年 50%~60% 的增长速度,市场潜力巨大,对货代员的人才需求很大。

在这一阶段的学习中,我们会对国际货运代理的概念、国际货运代理企业的运作以及国际货运代理人员职业岗位的要求展开介绍,以便为接下来的以货代员工作流程为主线的项目化学习打好基础。

模块一　国际货运代理认知

能力目标:能够划分国际货运代理的业务范围
知识目标:掌握国际货运代理的概念和工作内容

一、国际货运代理的概念

目前,国际上对国际货运代理还没有一个统一的定义。国际货运代理协会联合会(FIATA)将其定义为:根据客户的指示,并为客户的利益而揽取货物运输的人,其本身不是承运人。

国际货运代理(简称"国际货代")具有两种含义,其一是指国际货运代理企业;其二是指国际货运代理人。我们通常所说的货代更多的是指国际货运代理企业。

国际货运代理人(International Freight Forwarder):是指接受进出口货物收货人、发货人或其代理人的委托,以委托人的名义或者以自己的名义,为委托人办理国际货物运输及相关业务并收取服务报酬的企业。国际货运代理人是收货方和发货方以外的第三方主体,即中间型企业,这三者间的关系如图 1-1 所示。它销售的产品是"运输服务",起到桥梁作用。它从承运人处预订低价格的运输服务,再把这些服务销售给货主,从而解决不同国度收货人和发货人的运输难题,并赚取佣金。

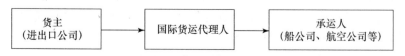

图 1-1　货代、货主和承运人三者间的关系

二、国际货运代理的业务范围

根据我国《国际货物运输代理业管理规定》,国际货运代理企业的经营范围如下:

1. 揽货、订舱(含租船、包机、包舱)、托运、仓储、包装;
2. 货物的监装、监卸、集装箱的拆箱、分拨、中转及相关的短途运输服务;
3. 报关、报检、保险;
4. 缮制签发有关单证、交付运费、结算及交付杂费;
5. 国际展品、私人物品及过境货物运输代理;
6. 国际多式联运、集运(含集装箱拼箱);
7. 国际快递(不含私人信函);
8. 咨询其他相关国际货运代理业务。

但是,这些并不是每个国际货运代理企业都具有的经营范围。由于各个国际货运代理企业的具体情况不同,商务主管部门批准的国际货运代理业务经营范围也有所不同。

三、国际货运代理的工作内容

1. 向用户提出关于最佳运输方式的建议。货运代理的最终目的在于将货主的要求和商业交易的要求同各种运输方式进行最佳的匹配。各种运输方式的经济性、快速性、适货性是不同的,对某种货物而言各有利弊。货运代理从用户利益出发,力求运费最低;而承运人从自身利益出发,力求营运收益最高。

2. 选择最合适的承运人并签订运输合同。选定运输方式以后,下一个重要步骤就是选择合适的承运人。运送时间、发送频度、到达时间、车船国籍等都是至关重要的因素。代理人代客户确定实际承运人以后,即可签约订舱。

3. 组织货物的拼装。随着跨国经营和货运"批多量少"趋势的发展,有时货源与目的港都很分散,就要作出特别的运输安排,把小批量货物集中起来进行拼箱运输。

4. 制备货运单证。货运代理人在安排运输的过程中,要按照不同的运输方式和商业交易的要求,制备货运代理和适合相关运输方式的单证。如提单、空运单或国际公路运输单,一般在其内容上都有一些特殊的规定和声明。

5. 协助用户达到有关法规与信用证的要求。货运代理人负有安排全程运输的责任,应通晓运输业务过程,事前周密防范,必要时得向有关主管部门了解对某种货物的具体要求及其限制规定。

6. 代为报检和办理清关。货物从一个国家运抵另一个国家,要经过海关的仔细检查。货运代理人或其办事机构应代客户认真做好货物受检和清关工作。

7. 就货物包装要求向用户提出建议。货物包装要求既要符合自身特性,又要适应不同运输方式的风险防范。而且,各国法律的规定也不完全一致。比如,纸板箱散装在集装箱中,是不准从新加坡运往沙特阿拉伯吉达港的。货运代理人一般自备《国际海运危险货物规则》,以便就货物包装问题向用户提出建设性意见。

8. 代办运输保险、仓储及分拨业务。国际运输比国内运输中转环节多,货损、货差或延误的风险更大。货运代理人应根据可能存在的风险,代用户确定保险范围,办好投保事宜。货运代理人根据其办事机构和代理网络关系,考虑并决定所运货物是即时分拨还是进行临时仓储。

9. 运输中的货物跟踪监管。货物在运输途中发生延误或其他问题,不论是涉及海关、银行、保险或承运人,货运代理都有责任跟踪监管并代客户进行处理。

四、国际货运代理的分类

（一）按企业的成立背景和经营特点为标准分类

1. 以中外运为背景的国际货代企业。中外运,全称中国对外贸易运输（集团）总公司,是目前为止我国最大的货代企业。

2. 以航运公司、航空公司、铁路部门为背景的国际货代企业。具有代表性的有：中远国际货运有限公司,天津海运集团控股的天海、天新、天富等货代公司,中国铁路对外服务总公司等。这类企业的特点是：与承运人关系密切,在运价及运输条件上具有很强优势。

3. 以外贸专业公司、工贸公司为背景所组建的国际货代企业。这类企业如：中粮、五矿、中纺、中土畜等系统所属的国际货运有限公司。这类企业在货源、审核信用证、缮制货运单证和向银行办理议付结汇等方面较其他企业具有明显优势。

4. 以仓储企业为背景的国际货代企业。这类货代如：天津渤海石油运输公司、上海国际展览运输有限公司、北京华协国际珍品货运服务公司等。其经营特点是：凭借仓储优势及这方面的丰富经验,揽取货源,深得货主信任。

5. 外商投资类型的国际货代企业。至2012年年底,外商投资的国际货运代理企业约占1/5。它们的特点是：资本雄厚,已形成规模化、网络化经营,人才队伍素质较高,具有较高的管理水平和较强的竞争力。

（二）按业务范围划分

1. 海运货运代理；
2. 空运货运代理；
3. 陆运（铁路、公路）货运代理；
4. 国际多式联运代理。

五、国际货运代理行业管理与国际行业组织

（一）国际货运代理协会联合会（FIATA）

国际货运代理协会联合会被称为"菲亚塔",由16个国家的货运代理协会于1926年5月31日在奥地利维也纳成立,总部设在瑞士苏黎世,是一个非营利性的组织。FIATA的宗旨是保障和提高国际货运代理在全球的利益。FIATA的最高权力机构是会员代表大会。

（二）中国国际货运代理协会（CIFA）

2000年9月6日,中国国际货运代理协会（China International Freight Forwarders Association, CIFA）在北京宣告成立。CIFA是一个非营利性的全国性行业组织。

CIFA宗旨是：协助政府部门加强对我国国际货代行业的管理；维护国际货代业的经营秩序；推动会员企业间的横向交流与合作；依法维护本行业利益；保护会员企业界的合法权益；促进对外贸易和国际货代业的发展。

货代、船代和无船承运人之间的关系

在实践中，外贸运输过程的完成，与生产企业直接接触的往往不是实质上的承运人，而是三类机构：货运代理公司，船代，无船承运人。

一、货代（Forwarder）

国际货运代理通常是接受客户的委托完成货物运输的某一个环节或与此有关的各个环节，可直接或通过货运代理及他雇佣的其他代理机构为客户服务，也可以利用他的海外代理人提供服务。通常来讲，货代提供的服务包括：订舱、拖车、商检、报关，海关相关费用的缴纳与提单的取得等。

货代公司分为一级、二级、三级，其中，一级货代的资信程度最高，运费最低，提供的服务也最及时到位。报关代理企业或其他代理企业（俗称二级、三级货代）数量极其庞大，它们以挂靠一级货代的形式承揽货代业务。

二、船代（Shipping Agent）

国际船舶代理人的定义是接受船舶所有人或者船舶承租人、船舶经营人（即承运人）的委托，在授权范围内代表委托人办理船舶进出港与船舶在港等有关业务或其他法律行为的企业法人。总体而言，船公司与船代的关系就类似于生产商及其销售代理的关系。

船务代理关系根据委托方式的不同，一般分为航运代理和长期代理两种。前者指委托人的委托和代理人的接受均以每船一次为限，后者则是指在船方和代理人之间签订有长期（一年至五年或更长时间）代理协议的船务代理。

三、无船承运人（Non Vessel Operater Common Carrier，NVOCC）

无船承运人是在一级货代基础上发展而来的。定义是一家自己没有船，但是可以出具提单的货代，且它的提单具有和一般有船承运人（也就是船公司）的提单相同的法律效力，也具备物权凭证的核心功能。无船承运人与一级货代本质也是一样的，前者是中华人民共和国交通部核准的，后者是外经贸核准的，前者可开海运发票，后者只能用代理发票。一个正规的NVOCC在注册时，要在银行存入一笔保证金（通常是40万），而且这个保证金是不可以取出来的，是为了防止发生损害时，NVOCC没有赔偿能力的情况发生。

上述三者之间的关系可总结为：

船代和无船承运人都属于货代；船代是在货代申请船务代理业务的基础上而来的，货代不一定是船代，但船代一定是货代。货代不一定是无船承运人，但无船承运人一定是货代，且必须是一级货代。一般的货代和无船承运人需要向船公司或船代订舱。货代走货，出示的是船公司的提单，而无船承运人走货，出示的是他们自己的提单。

模块二　国际货运代理企业认知

能力目标：能够对货运代理企业进行调研，了解企业的经营范围
知识目标：掌握货运代理企业设立的条件和责任范围

导入案例

中远国际货运有限公司成立于1995年12月，是中国远洋控股股份有限公司的成员企业之一，是中远集装箱运输有限公司直属的大型国际货运及班轮代理公司。公司经营范围包括：国际、国内海上集装箱货运代理，国际、国内集装箱及其他船舶代理，沿海货物运输、拼箱、项目运输、多式联运报关、货运保险等业务。在国际集装箱货运业务、多式联运等方面，均位居国内同行业前列。

一、国际货运代理企业的设立

（一）申请国际货运代理企业的条件

1. 国际货运代理业务的申请人通常为从事与进出口贸易或国际货物运输有关的业务，并有稳定货源的单位。符合以上条件的投资者应当在申请项目中占大股。

2. 具有至少5名从事国际货运代理业务3年以上的业务人员。其资格由业务人员原所在企业证明，或者取得外经贸部颁发的资格证书。

3. 有固定的营业场所，自有房屋、场地须提供产权证明，租赁房屋、场地须提供租赁契约。

4. 有必要的营业设施，包括一定数量的电话、传真、计算机、短途运输工具、装卸设备、包装设备等。

5. 有稳定的进出口货源市场，在本地区进出口货物运量较大。货运代理行业具备进一步发展的条件和潜力，并且申报企业可以揽收到足够的货源。

6. 国际货物运输代理企业的注册资本应符合下列要求：
（1）经营海上国际货物运输代理业务，最低限额为500万元人民币；
（2）经营航空国际货物运输代理业务，最低限额为300万元人民币；
（3）经营陆路国际货物运输代理业务或者国际快递业务，最低限额为200万元人民币；经营上述两项以上业务的，注册资本最低限额为其中最高一项的限额。

(二)申请报批程序

1. 企业提出申请,提交如下备案材料:营业执照复印件、组织机构代码证书复印件、符合《国际货物运输代理业管理规定实施细则》规定的责任保险合同复印件、国际货运代理提单(运单)样本等。
2. 行业主管部门对企业申请进行审核,并提出报批或不批意见。
3. 市外经贸局对企业申请审核下发呈请文件,并上报省外经贸厅。
4. 省外经贸审核后,上报国家外经贸部审批。
5. 申请人接到外经贸部同意批复后,应于批复60天内持修改的企业章程(正本),并凭市外经贸局的介绍信到外经贸部领取批准证书。
6. 申请企业持外经贸部颁发的批准证书到工商、海关、税务、外管局等部门办理有关手续。

二、国际货运代理企业的业务经营范围

国际货运代理企业提供的产品是货运代理服务,货运代理的业务服务范围很广泛,通常为接受客户的委托,完成货物运输的某一个环节或与此有关的各个环节的任务。货运代理服务内容包括:① 选择运输线路、运输方式和适当的承运人;② 订舱;③ 接收货物;④ 包装;⑤ 储存;⑥ 称重、量尺码;⑦ 签发单证;⑧ 报关;⑨ 办理单证手续;⑩ 运输;⑪ 安排货物转运;⑫ 安排保险;⑬ 支付运费及其他费用;⑭ 进行外汇交易;⑮ 交货及分拨货物;⑯ 协助收货人索赔;⑰ 提供与工程、建筑有关的大型、重型机械、设备、挂运服务和海外展品等特种货物的服务;⑱ 根据客户的需要,提供与运输有关的其他服务、特殊服务。

在提供上述服务时货运代理还应与相关部门(包括政府当局和某些公共机构)建立、发展和保持必不可少的联系(如图1-2所示)。

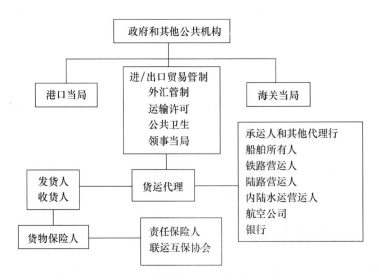

图1-2 国际货运代理与相关部门的关系

三、国际货运代理企业的责任

国际货运代理企业可以作为进出口货物收货人、发货人的代理人,也可作为当事人从事国际货运代理业务。国际货运代理人承担的责任期限为:从接收货物时开始至目的地将货物交给收货人为止,或根据指示将货物置于收货人指示的地点,作为完成履行合同中规定的交货义务的标志。

(一)作为代理人的责任

国际货运代理企业作为代理人的业务指接受进出口货物收货人、发货人或其代理人的委托,以委托人的名义办理有关业务,收取代理费或佣金的行为。它负责为发货人或货主代为订舱、保管和安排货物运输、包装、保险等活动,并代他们支付运费、保险费、包装费、海关税等费用,然后收取一定的代理手续费。

国际货运代理企业作为代理人,在货主和承运人之间起牵线搭桥的作用,由货主和承运人直接签运输合同(如图 1-3 所示)。货代公司收取的是佣金,责任小。当货物发生灭失或残损,货运代理不承担责任,除非其本人有过失。当货运代理在货物文件或数据上出现过错,造成损失,则要承担相应的法律责任,受害人有权通过法院向货运代理请求赔偿。

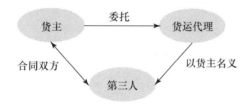

图 1-3　货代作为代理人的责任关系

货代作为代理人的民事法律责任具体如下:
(1)因过错而给委托人造成损失的赔偿责任;
(2)与第三人串通损害委托人利益的,与第三人承担连带赔偿责任;
(3)明知委托事项违法却仍继续进行代理事务,与委托人承担连带责任;
(4)擅自将委托事项转委托他人,应对转委托的行为向委托人承担责任;
(5)无权代理,未经委托人同意进行越权行为的,对委托人不发生效力,自行承担责任。

(二)作为当事人的责任

国际货运代理企业作为独立经营人从事国际货运代理业务,是指国际货运代理业接受进出口货物收货人、发货人或其代理人的委托,以签发运输单证、履行运输合同并收取运费及服务费的行为(如图 1-4 所示)。其作为当事人在为客户提供所需的服务中,以其本人的名义承担责任,对其履行货运代理合同而雇佣的承运人、分货运代理的行为或不行为负责。

货代作为当事人的情况大致有以下几种:
(1)货运代理以自己的名义与第三人签订合同;
(2)安排储运时使用自己的仓库或者运输工具;
(3)安排运输、拼箱、集运时收取差价。

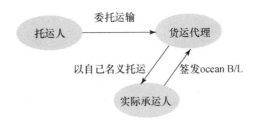

图1-4 当事人身份的责任关系

货代作为当事人的责任划分,原则上分为以下几种情况:
(1) 仅对其自己的错误和疏忽负责;
(2) 不仅对自己的错误和疏忽负责,还应承担承运人的责任和造成第三人损失的责任;
(3) 取决于合同条款的规定和所选择的运输工具等。

动动脑

当货运代理以无船承运人的身份出现时又是怎样的责任关系呢?

一级货代与二级货代

在我国,货代公司分为一级、二级和三级货代。其中,一级货代的资信程度最高,运费最低,提供的服务也最及时到位。二级货代要想订舱的话,或者通过挂靠一级货代,或者通过一级货代订舱。报关代理企业或其他代理企业(俗称二级、三级货代)数量极其庞大,它们以挂靠一级货代的形式承揽货代业务。

这里,需要指出的有以下几点:

1. 一级货代有美金发票,二级没有而且必须要到国税局开票。

2. 一级货代可直接向船公司订舱,但不一定有资格订舱,有许多船公司只指定了几个少数的货代作为订舱口。所以并不是说一级货代就明显胜过二级货代,大部分的一级货代只能局限于几个船公司有订舱权。

3. 有订舱权的一级货代并不一定能拿到好的价格与服务,有许多情况,订舱货代反而要通过他订舱的那家货代(其他一级或二级货代)拿价格与舱位。

4. 货代挂靠很正常,这里不是说所谓挂靠就没实力。

5. 口岸(上海,宁波)的货代不一定是一级货代,90%以上口岸货代也是没有订舱权的货代或者二级货代。

6. 货代的主要工作是订舱、报关、车运等。

7. 报关不一定是报关行(公司),货代也可以报,有的货代只做报关的事情,其他事情不做。

8. 货主订舱必须通过货代向船公司订舱。

9. 拼箱订舱不是向船公司订的,而是通过货代公司订的,船公司一般不接受拼箱,所以拼箱提单一般不是船公司提单。

10. 无船承运人与一级货代本质也是一样的,前者是交通部核准的,后者是外经贸核准的,前者可开海运发票,后者只能用代理发票。二者都可以开美金发票。如果二者都可以选择的话,通常货主只能选其一。

11. 无船承运人与一级货代可以属同一个公司所有,经常可以看到某货运公司既是一级货代又是无船承运人。

12. 选择货代主要是看他的服务,服务是重点,价格也在考虑范围里。所以一级货代也好,二级货代也好,无船也好,只要符合自己的要求都是可以选择的。

模块三　国际货运代理企业运行

能力目标:掌握货代公司的部门设置
知识目标:了解货运代理企业的营利机制和业务流程

一、国际货运代理企业的盈利机制

国际货运代理企业销售的产品是货运代理服务,它通过以较低的成本将货代服务从承运人处采购回来,再以较高的价格销售给货主,从中赚取差价。

第一步,采购货代服务。通过货代公司的市场部用低价格向有资源的主体预订相应的服务,形成自己的成本体系。在这点上,一级货代比二级货代更具采购成本优势。

第二步,销售货代服务。货代公司的业务部以较高的价格向货主(主要是外贸公司)销售货代服务,即揽货,从而形成自己稳定的客户资源网络。

第三步,代理运输并赚取差价。货代公司操作部具体操办货代业务,按照业务流程操办代理运输的各项工作,并按高价格向货主收取服务费用,按低价格支付给承运人,赚取差价。

[实例]假设2013年1月,某国际货代公司承接某进出口公司的5个20英尺集装箱家具业务,从上海港运往洛杉矶,走CSCL的船,由收货人自行提货。货物集港后9天装船。假定货代公司与船公司签订的协议价如下:海运费:950美元/箱;码头:15元/天·箱;车队:120元/箱;堆场:15元/天·箱。简化环节,省去其他相关费用后,计算如下(假设:1美元=6.48人民币):

若货代公司要求保持利润率20%,则业务部向客户的报价不低于:

$(950 \times 6.48 + 15 \times 9 + 120 + 15 \times 9)/(1-20\%) = 8182.5$(元/箱)

公司赚取的总利润为:$8182.5 \times 20\% \times 5 = 8182.5$(元)

二、国际货运代理企业部门设置

国际货运代理企业一般实行流程型管理,按市场部、业务部、操作部和结算部来设置,操作部通常又分航线、单证、客服等岗位。

(一)市场部

市场部是公司的采购部门,主要负责公司的供应采购管理,货代公司依靠它构建较低的服务成本体系。市场部人员要了解船公司优势路线是哪些,船公司或航空公司挂靠的是哪些一级代理，主要是和船公司和航空公司打交道，采购成本的高低取决于和船公司、航空公司的合作关系。另外，市场部还要处理工厂、进出口公司和贸易公司的询价。

（二）业务部

业务部负责开拓业务，即揽货。是指按照高于成本的价格向海内外货主销售货代服务，形成自己稳定的客户资源网络。有了好的价格后，就必须要有好的销售人员。对于催生业绩的基本方法，就是多打电话，多见客户。货代和外贸的专业知识对于销售人员至关重要。

（三）操作部

操作部是直接面对客户，为客户提供各类服务的部门。操作人员是负责货主委托货物操作的人员，主要处理订舱、安排拖车、报关、对提单、打账单等工作。操作人员要求精通各类业务，具备较强的综合能力，掌握货代流程和海运、陆运、空运、拖车、多式联运等知识。一般来说，客服人员必须在操作部的具体业务岗位上工作多年，以积累经验。

（四）结算部

结算部一方面负责向货主收取相关费用，及时反馈信息给客户，做好全程跟踪，实现客户满意最大化；另一方面，支付各种费用，确认所属操作客户的业务凭证的应收、应付款项，根据付款通知，及时、准确开具银行票据与客户结算。

三、国际货运代理企业的业务流程

国际货运代理企业业务流程大致如下：询价→报价→确认 Booking（订舱委托书）→向船公司订舱→船公司放 S/O→拿 S/O 提柜→做柜→还柜→报关→放行→提供补料→对单确认→开 Debit Note（账单→付款→放单）。

（一）确认 Booking

Booking 写上客户公司名称、起运港、目的港、柜型、柜量、品名、体积、毛重、船期、价格以及业务备注，为了保护双方的利益需请客户盖上公章，初次合作的客户需提供营业执照等。

（二）向船公司订舱

将填好的 Booking 和费用清单交操作部，由操作部向船公司安排舱位。

（三）船公司放 S/O

S/O（Shipping Order 订舱单/装货单/下货纸）：船公司确认有舱并放 S/O 给货代。S/O 是提柜，装船的凭证。

（四）提柜

拿到 S/O 后根据 S/O 上面写的指示打单，安排拖车去指定地点提柜。打单后会产生柜号和封条号，此间会产生打单费，有时在提柜时会有吊柜费，出重柜的时候也可能会有一个选重费，码头无柜需要从其他码头提柜等情况，都会产生部分费用。

（五）做柜

联系安排拖车去码头堆场凭 S/O 提取空柜去工厂或指定地点装柜,就叫做柜。

（六）还柜

装完柜子,封上封条,拉回码头堆场,叫还柜。空柜还场（也叫还场返空柜）,需交纳返空费,各船公司费用不同。

（七）报关

拖车一过闸,海关的系统上就会显示过闸,即还柜后就可以开始报关了。报关时间有快有慢,遇到查柜就比较耽误时间;对于法定商检的货物,预留的报关时间要更长一些,因为报关环节中多了一项商检查货,会开柜抽样检查。所以做好柜后尽量早点还柜,给自己预留更多的时间报关。

（八）放行

报关没问题了,海关放行后,就等着安排装船了。此时要操作部配合确认船期和其他事宜。

（九）提供补料

因为第一次的 Booking 上面的内容只是大概,所以要确认最后提单上的详细内容,就要提供补料。包括货物的描述（货描）、发货人资料、收货人资料,所有需要显示在提单上的资料都应核对。为了节省核对补料时间,可以提前请客户提供补料,最迟在开船前或者在船公司规定的时间内提供补料。有些船公司要求一次性补料,是指客户要一次性提供所有资料,再更改时就会有改单费产生。

（十）对单

三方对提单。货代和客户对,船公司和货代对。确认无误后出提单。

（十一）开 Debit Note

船公司向货代开,货代向客户开。确认无误,就按指定账户付款。汇率问题一定要和客户谈好,不要小看几分的汇率差,也许只有几分的汇率差就会让客户不开心,影响下次合作。

（十二）放单

付款后,有水单或到账后,就可以给客户放提单了。提单一般分为 MB,HB,sea way bill 和电放提单。电放提单一般为电放信、电放号或者电放提单。正本为三正三副,sea way bill 和电放提单类似,不需要正本即可提柜。

延伸阅读

指 定 货 代

指定货代：一般是国外货代在中国的代理、分公司或者办事处。公司人员不一定多，但是名义上算是外企。资金一般不雄厚，但办公地点一般比较好。

在我国，指定货代一般有以下几种形式：

第一种，国外客户直接指定的国内货代

1. 直接跟国外采购商联系，并取得其信任

能做到这种指定货的货代，公司实力是最基本的，对业务员的素质要求较高，通常需要 5 年以上的工作经验。

2. 国内外贸业务员通过国外客户要求指定货代

简单来说，这种方式就是"牛外贸＋关系好的货代＝国外直接指定货"。

第二种，国外货代的国内代理

目前国内指定货代中的绝大多数都是这种指定货代。正如做进口一样，国外货代在操作客人的进口货的时候，通常也需要在国内找代理，来帮他们做 FOB 项下的事情。

第三种，出口商指定的 FOB 项下货代

一般中国做 FOB 条款出口的出口商，总是涉及指定货代的问题，继而出现不少的无单放货等提单问题。

模块四 国际货运代理人员职业岗位认知

能力目标：掌握货代员岗位的职业能力要求

知识目标：了解货代员岗位的能力要求和国际货代从业人员资格考试

 **导入案例**

某公司货代业务员岗位的招聘信息

职位要求：大专学历以上，海运、物流、外贸类专业尤佳；有 1 年以上海运货代销售工作经验；能够独立开发客户；为人诚实，能承受工作压力且敢于接受挑战。英语四级以上，听说写流利，个性开朗，为人诚信，能吃苦耐劳。性格开朗，有敏锐的市场洞悉感；并具有良好的沟通能力及团队合作精神。高度的工作热情，有追求高薪和成功的欲望。

某公司货代操作员岗位的招聘信息

职位要求：大专及以上学历，航运及货代、外贸、英语专业毕业者优先；1 年以上集装箱，大宗散杂货代操作经验，能够独立处理日常货物操作，有相关操作经验；熟悉货代操作流程，熟悉

货运代理业务及相关专业知识;英语应用熟练,熟悉office等办公软件;工作认真负责,思维敏捷,做事细心,责任心强,有良好的客户服务意识以及沟通能力,协调能力强。

一、货代员职业岗位要求

（一）专业素质

国际货运代理人员（简称货代）要精通国际货运业务知识,做到"六知":

1. 知线:了解国际航线的构成,熟悉各卸货港的所属航线,掌握主要的定期班轮航线情况,了解主要船公司的优势航线。货代要做到"心中一张图"。

2. 知港:了解装运港和卸货港的情况。各航线都有基本港和非基本港之分,一般基本港多是些条件较好的大港口,船舶班次多。货代要掌握各航线的基本港口并适时向货主提供咨询意见。对非基本港的货运,货代在接受委托前,需要预先与有关方面联系,并建议货主在购销合同上订明"允许转船和分批装运"的条款。

3. 知船:了解船舶情况。货代员要了解各主要船公司所属船舶的基本状况,包括国籍、船龄、载重量、舱容及服务质量等。

4. 知货:了解货物对运输的要求。货代员应对普通杂货、集装箱货物、特种货物对运输的要求有一定的了解。

5. 知价:了解运价市场。货代员有义务为货主节约运费,这就要求订舱前从不同的承运人、运输方式和运输途径等多方面进行比价工作,以减少运费支出。

6. 知规程:了解业务操作规程。货代员除了要精通本公司的业务流程外,还应对其他环节,如一关三检、码头、船公司、进出口业务等流程及特殊规定予以全面掌握,以便有效开展业务活动。

（二）商务沟通能力

当今货运市场已日趋成熟,竞争越来越激烈。竞争的最前沿就是承揽业务。影响业绩的最重要因素是与客户的商务沟通是否有效。沟通的目的在于知己知彼,找到切入点,与客户良性互动,从而建立长期的业务合作关系。能够完成有效的客户拜访,能够开发有价值的客户,能够进行运价调整。要与客户有效的沟通,需要做好以下功课:

1. 了解公司的优势、劣势。
2. 了解公司在市场上的地位以及运作状况。
3. 对市场进行调查。
4. 了解同行的运价水平。
5. 了解客户所需船东的运价、船期、船程、目的港代理等。
6. 预见将来市场情况。

（三）良好的心态

货代行业内有一句俗话"要想死得快,就去做货代"。良好的心态对货代员来说至关重要。货代员工作成功的基本条件之一就是要有自信心,还要有抗挫折的心理准备,训练并具备"要取得1%成功,前面99%的拒绝无法避免"的心理承受力,只有这样,才会在受挫折时,重燃希望之火。货代员应谨记以下几点:

1. 求人与帮人：注意推销不是乞讨，客户在很多时候是需要我们帮助的。

2. 自信与自尊："推销是从被拒绝开始的"，正是有了拒绝，才有了业务员存在的必要；一见到业务员就笑逐颜开，张开双臂欢迎的人很少。

3. 原则与信条："客户永远都是对的"，要了解并尊重客户的要求，但不是要满足他的所有要求。实际上也无法满足他的所有要求。

4. 细心和耐心也是货代员所必须具备的。制作单证时一个小小的差错都可能导致收货人拒收等情况的发生。

二、国际货代从业人员职业资格考试

（一）证书简介

国际货运代理从业人员资格证书由商务部主管部门授权，由中国国际货运代理协会CIFA统一组织考试，统一注册、统一编号、统一颁发，是国内公认的职业资质证书之一。

（二）国际货代从业人员职业资格考试

以2013年货代从业人员职业资格考试为例：

1. 报名条件

具有高中以上学历，或有一定的国际货运代理实践经验，或曾接受过国际货运代理业务培训并有志于从事国际货运代理业务的人员。

2. 报名方式

登录货代考试中心网站：www.cifa.org.cn主页上的货代考试中心（如图1-5所示），进入培训考试栏目进行网上报名（填报时请仔细阅读网上的《考生注意事项》）。逾期未进行网上报名者不能参加考试。

图1-5 货代考试中心网站

3. 上交材料

确认报考资格时，考生应提供本人身份证、学历证书的复印件以及网上报名下载的《国际货运代理岗位专业证书考试报名表》，交近期免冠同底版2寸彩色证件照3张。

4. 培训考试科目

（1）培训教材

启用中国国际货运代理协会组织编写、由中国商务出版社出版的新版"全国国际货代行业从业人员资格培训考试专用教材"（一套五本）：

①《国际货物运输代理概论》(2010年版)。

②《国际海上货运代理理论与实务》(2010年版)。

③《国际航空货运代理理论与实务》(2010年版)。

④《国际陆路货运代理与多式联运理论与实务》(2010 年版)。

⑤《国际货运代理英语》(2009 年版)。

(2) 考试教材

①《国际货运代理理论与实务》(2012 年版)。

②《国际货代英语》(2009 年版)。

(3) 考试科目和及格分数

考试分两科:

① 国际货运代理理论与实务(包括:国际货运代理概论、国际海上货运代理理论与实务、国际航空货运代理理论与实务、国际陆路货运代理与多式联运理论与实务)。

② 国际货运代理专业英语(含英文单证)。

各科满分均为 100 分,及格分数为 60 分。两科均及格者方可获得合格证书。单科及格者成绩可保留至下年度有效(只允许补考一次)。

项 目 小 结

一、学习重点

1. 了解国际货运代理与货主、承运人之间的关系
2. 了解国际货运代理企业的内外部环境
3. 了解国际货运代理企业的经营范围
4. 了解国际货运代理企业公司内部的组织结构以及各部门的分工
5. 了解国际货运代理从业人员的职业能力要求

二、水平测试

1. 根据这一阶段的学习,你认为国际货运代理企业的核心竞争力指标有哪些?

2. 如果你是某国际货运代理企业的人力资源部经理,在招聘货代业务员和操作员时,会考核哪些方面?

三、知识测试

1. 国际货运代理人作为进出口货物收、发货人的代理人在安排货物运输事宜时,依照我国相关法律法规的规定,其享有一定的权利并需要承担一定的义务,下列表述不正确的是(   )。

    A. 国际货运代理人有权要求委托人支付服务报酬
    B. 国际货运代理人有权在授权范围内自主处理委托事务
    C. 国际货运代理人有向委托人报告委托事务处理情况的义务
    D. 国际货运代理人有向承运人报告委托事务处理情况的义务

2. 根据我国现行的国际货运代理行业管理规定,国际货运代理企业不得从事的业务有(   )。

    A. 接受收发货人委托从事货运服务

B. 接受其他货运代理人转托运的货物
C. 允许其他单位个人以该企业或其营业部名义从事国际货运代理业务
D. 以宣传自己服务优势的竞争手段从事经营活动

3. 下列有关国际货运代理人的表述不正确的是（　　）。
A. 国际货运代理人是委托合同的当事人
B. 国际货运代理人是进出口货物收、发货人的代理人
C. 国际货运代理人是进出口货物收、发货人的委托人
D. 国际货运代理人是进出口货物收、发货人的受托人

4. 某国际货代公司接受货主委托后，以自己的名义到船公司办理了订舱业务，并向保险人投保了货代责任险。由于信用证规定的装运期为8月10至20日，而货物于8月22日装船。为了不影响货主办理结汇业务，该货代公司向货主签发了日期为8月20日的倒签提单，由此给收货人造成的损失请问应对此损失承担赔偿责任的是（　　）。
A. 保险人　　　B. 国际货代公司　　　C. 货主　　　D. 船公司

5. 我国某货主委托货运代理人安排货物出口事宜，由于货主所提供的货物资料不清楚，造成货运代理人在办理货物出口申报时资料被退回，影响了货物的正常出运。为此造成货主的损失，应当由（　　）承担。
A. 货运代理人　　　B. 报关行　　　C. 船公司　　　D. 货主

6. 案例分析

A货主委托B货代公司出运一批货物，从青岛到新加坡。B货代公司代表A货主向C船公司订舱，货物装船后，B货代公司从C船公司处取得提单。C船公司要求B货代公司暂扣提单，直到A货主把过去拖欠该船公司的运费付清以后再放单。随后A货主向海事法院起诉B货代公司违反代理义务，擅自扣留提单而造成其无法按时结汇产生的损失。根据上述案例，请分析：

(1) B货代公司对A货主的损失是否承担责任？为什么？

(2) C船公司本身是否有权暂扣提单？为什么？

项目二至项目六的业务背景介绍

  捷达国际货运代理有限公司是经国家工商局批准的一级国际货运代理,企业注册资金 500 万人民币,是湖州地区最早专业从事国际集装箱进出口运输的 3 家企业之一。公司从最初的三五名员工的办事处发展成至今已拥有几十名通过专业培训的员工的一级货代,无论在公司规模实力还是业务量等方面均已跻身湖州地区同行前茅。公司下设商务部、操作部、销售部、报关部、行政部等多个部门,各部门各司其职、紧密合作,最大限度为客户提供优质高效的服务。

  随着公司业务量的不断扩大,公司每年都要接收很多报关与国际货运相关专业大学毕业生进入货代工作一线。小张就是公司 2013 年招收的一名货代战线的新兵。为了使你能够在毕业后就能够快速适应货代工作的岗位职责,现在就必须认真完成每一个任务训练,听好每一堂课,相信通过你自己的努力,在学完本门课程以后,你将会成为一名合格的货代员。当然,要想成为一名优秀的货代员,你还需要在学校里学习其他专业课程。

  千里之行,始于足下。现在就请你跟着小张,在师傅的带领下,深入国际货运代理公司的货代员岗位,以货代工作流程为主线,进一步学习国际货运代理的理论知识和实践操作。

项目二
海运货代业务的前期准备

货代是连接货主和承运人的桥梁。作为中间商,货代需要向船公司采购服务。货代员要根据客户需求选择航线和船公司,还要通过查询船期,计算运费,制订合理的采购方案,从而为接下来的揽货工作奠定基础。

在这一阶段的学习中,我们将重点围绕一名合格货代员的基本业务素质——"知港、知线、知货、知船、知运价、知规程"几方面展开学习,从而为国际货代合同的签订做准备。

模块一　海运货船分类

能力目标:能够识别危险品,并根据货物的类型选择合适的船舶
知识目标:掌握海运货物和船舶的分类

任务训练

海运货物识别与船舶选择

工作情境:小张进入捷达国际货运代理有限公司实习后,师傅告诉他,货代员首先要清楚货和船的分类。不同的货物,货运业务的操作也会有所不同。倘若危险品操作不当,则可能引发大问题。师傅给了小张若干货名,请帮助小张判断哪些属于危险品,并选择合适的运输船舶。

成果检验:

1. 请判断以下物品中,哪些属于危险品:＿＿＿＿＿＿＿＿＿＿＿＿＿＿＿＿＿
礼花炮、空气清新剂、液氨、精萘、漂白粉、洗衣粉、乙烷、氢气、洗洁精
2. 若要运输这些危险品,请在以下船舶中分别选择合适的类型:＿＿＿＿＿＿＿＿＿＿
油船、杂货船、液化气船、干散货船、化学品船、冷藏船

知识链接

一、海运货物的分类

海上运输的货物品种繁多,性质及规格各不相同。为了保证货物安全装载、运输和保管,根据自然特性和运输保管要求,货物通常分为以下 15 类:

1. 危险货物(Dangerous Cargo);
2. 重大长件货物(Awkward & Length Cargo);
3. 散装货物(Bulk Cargo);
4. 液体货物(Liquid Cargo);
5. 气味货物(Smelled Cargo);
6. 食品货物(Food Cargo);
7. 扬尘污染货物(Dusty and Dirty Cargo);
8. 清洁货物(Clean Cargo);
9. 冷藏货物(Refrigerated Cargo);
10. 易碎货物(Fragile Cargo);
11. 贵重货物(Valuable Cargo);
12. 活牲畜货物(Livestock Cargo);
13. 液化货物(Liquefied Cargo);
14. 含水货物(Hygroscopic Cargo);
15. 普通货物(General Cargo)。

二、危险品运输

(一)危险品的分类

危险品是指在航空运输过程中,可能危害人身的安全、健康或者损害运输工具、设备以及其他财产的物品或者物质。危险物品的运输必须遵守我国危险品运输管理条例。根据所具有的不同危险性,危险物品分为九类,见图 2-1。

图 2-1　危险品图标

1. 爆炸品

本类货物系指在外界作用下(如受热、撞击等),能发生剧烈的化学反应,瞬时产生大量的气体和热量,使周围压力急骤上升,发生爆炸,对周围环境造成破坏的物品,也包括无整体爆炸危险,但具有燃烧、抛射及较小爆炸危险,或仅产生热、光、音响或烟雾等一种或几种作用的烟火物品。

2. 压缩气体和液化气体

本类货物系指压缩、液化或加压溶解的气体,有以下两种情况:

(1) 临界温度低于或等于50℃时,其蒸气压力大于291kPa的压缩或液化气体。

(2) 温度在21.1℃时,气体的绝对压力大于275kPa,或在51.4℃时气体的绝对压力大于715kPa的压缩气体;或在37.8℃时,雷德蒸气压大于274kPa的液化气体或加压溶解的气体。

3. 易燃液体

本类货物系指易燃的液体、液体混合物或含有固体物质的液体,但不包括由于其危险特性列入其他类别的液体。其闭杯试验闪点等于或低于61℃,但不同运输方式可确定本运输方式适用的闪点,而不低于45℃。

4. 易燃固体、自燃物品和遇湿易燃物品

易燃固体:本项货物系指燃点低,对热、撞击、摩擦敏感,易被外部火源点燃,燃烧迅速,并可能散发出有毒烟雾或有毒气体的固体,但不包括已列入爆炸品的物质。

自燃物品:本项货物系指自燃点低,在空气中易于发生氧化反应,放出热量,而自行燃烧的物品。

遇湿易燃物品:本项货物系指遇水或受潮时,发生剧烈化学反应,放出大量的易燃气体和热量的物品。有些不需明火,即能燃烧或爆炸。

5. 氧化剂和有机过氧化物

氧化剂:本项货物系指处于高氧化态,具有强氧化性,易分解并放出氧和热量的物质。包括含有过氧基的有机物,其本身不一定可燃,但能导致可燃物的燃烧,与松软的粉末状可燃物能组成爆炸性混合物,对热、震动或摩擦较敏感。

有机过氧化物:本项货物系指分子组成中含有过氧基的有机物,其本身易燃易爆,极易分解,对热、震动或摩擦极为敏感。

6. 毒害品和感染性物品

毒害品:本项货物系指进入肌体后,累积达一定的量,能与体液和组织发生生物化学作用或生物物理学变化,扰乱或破坏肌体的正常生理功能,引起暂时性或持久性的病理状态,甚至危及生命的物品。

感染性物品:本项货物系指含有致病的微生物,能引起病态,甚至死亡的物质。

7. 放射性物品

本类货物系指放射性比活度大于$7.4×10^4$Bq/kg的物品。

8. 腐蚀品

本类货物系指能灼伤人体组织并对金属等物品造成损坏的固体或液体。与皮肤接触在4h内出现可见坏死现象,或温度在55℃时,对20号钢的表面均匀年腐蚀率超过6.25mm/a的固体或液体。

9. 杂类

本类货物系指在运输过程中呈现的危险性质不包括在上述八类危险性中的物品。本类货物分为两项：

(1) 磁性物品：本项货物系指航空运输时，其包件表面任何一点距 2.1m 处的磁场强度 $H \geqslant 0.159 A/m$。

(2) 另行规定的物品：本项货物系指具有麻醉、毒害或其他类似性质，能造成飞行机组人员情绪烦躁或不适，以致影响飞行任务的正确执行，危及飞行安全的物品。

(二) 危险品托运的注意事项

在办理危险品托运时，要做到以下几点：

1. 必须向已取得道路危险货物运输经营资格的运输单位办理托运；
2. 必须在托运单上填写危险货物品名、规格、件重、件数、包装方法、起运日期、收发货人详细地址及运输过程中的注意事项；
3. 货物性质或灭火方法相抵触的危险货物，必须分别托运；
4. 对有特殊要求或凭证运输的危险货物，必须附有相关单证，并在托运单备注栏内注明；
5. 托运未列入《汽车运输危险货物品名表》的危险货物新品种，必须提交《危险货物鉴定表》。凡未按以上规定办理危险货物运输托运，由此发生运输事故，由托运人承担全部责任。

三、国际货物运输包装

在货物运输中，除散货（包括固体散货和液体散货）和重件货物、长大件货物以外，尚有数量很多的被运输业称之为"件杂货"的货物。此类货物的包装形式有袋装、箱装、桶装等（如图 2-2 所示），其中以箱装的为最多。

图 2-2 单件运输包装实例

目前，在国际货物运输中，单元货物运输已得到普遍采用（如图 2-3 所示）。它是用一种或多种方法，将许多运输包装件拼装在一起，使其形成一整体单元货物，以利于装卸、运输、堆码和贮存的一种货物运输方式。从运输经济效益来看，单元运输不但加速了车、船、飞机和集装箱等运输工具的周转，提高了装卸效率，而且还能充分利用其有效容积、实现仓库自动化立体贮存等。我国目前采用的主要有以下两种方式：

1. 集装箱内的单元货物运输

在我国，集装箱内的单元货物运输一般是根据国外厂商的需要而采取的运输方式，其单元货物尺寸繁杂。如：上海出口德国的罐头，采用热收缩包装，木托盘尺寸为 1200mm×1000mm，纸板尺寸为 1300mm×1100mm，单元质量为 1~2t；江苏宜兴陶瓷出口热收缩包装，托盘尺寸为 1200mm×800mm 和 1200mm×1000mm，单元质量为 1.2t×2t。

2. 以托盘形式独立的单元货物运输

目前,我国有一部分货物直接以托盘形式的单元货物来进行运输。如北京、青岛等地的玻璃瓶采用1200mm×1000mm热收缩薄膜或捆扎形成单元;上海港的船用件杂货托盘尺寸为2380mm×1150mm等。

图2-3 单元货物运输包装实例

四、海运船舶分类

海上货物运输船舶的种类繁多(如图2-4所示)。货物运输船舶按照其用途不同,可分为干货船和油槽船两大类。

图2-4 海上运输船舶类型

(一)干货船

根据所装货物及船舶结构、设备不同,可分为:

1. 杂货船

杂货船一般是指定期航行于货运繁忙的航线,以装运零星杂货为主的船舶。这种船航行速度较快,船上配有足够的起吊设备,船舶构造中有多层甲板把船舱分隔成多层货柜,以适应装载不同货物的需要。

2. 干散货船

干散货船是用以装载无包装的大宗货物的船舶。依所装货物的种类不同,又可分为粮谷船、煤船和矿砂船。这种船大都为单甲板,舱内不设支柱,但设有隔板,用以防止在风浪中运行时舱内货物错位。

3. 冷藏船

冷藏船是专门用于装载冷冻易腐货物的船舶。船上设有冷藏系统,能调节多种温度以适应各舱货物对不同温度的需要。

4. 木材船

木材船是专门用以装载木材或原木的船舶。这种船舱口大,舱内无梁柱及其他妨碍装卸的设备。船舱及甲板上均可装载木材。为防止甲板上的木材被海浪冲出舷外,在船舷两侧一般设置不低于一米的舷墙。

5. 集装箱船

集装箱船可分为部分集装箱船、全集装箱船和可变换集装箱船三种。

(1) 部分集装箱船仅以船的中央部位作为集装箱的专用舱位，其他舱位仍装普通杂货。

(2) 全集装箱船指专门用以装运集装箱的船舶。它与一般杂货船不同，其货舱内有格栅式货架，装有垂直导轨，便于集装箱沿导轨放下，四角有格栅制约，可防倾倒。集装箱船的舱内可堆放三至九层集装箱，甲板上还可堆放三至四层。

(3) 可变换集装箱船其货舱内装载集装箱的结构为可拆装式的。因此，它既可装运集装箱，必要时也可装运普通杂货。

集装箱船航速较快，大多数船舶本身没有起吊设备，需要依靠码头上的起吊设备进行装卸。这种集装箱船也称为吊上吊下船。

6. 滚装船，又称滚上滚下船

滚装船主要用来运送汽车和集装箱。这种船本身无须装卸设备，一般在船侧或船的首、尾有开口斜坡连接码头，装卸货物时，或者是汽车，或者是集装箱（装在拖车上的）直接开进或开出船舱。这种船的优点是不依赖码头上的装卸设备，装卸速度快，可加速船舶周转。

7. 载驳船

又称子母船。是指在大船上搭载驳船，驳船内装载货物的船舶。载驳船的主要优点是不受港口水深限制，不需要占用码头泊位，装卸货物均在锚地进行，装卸效率高。

（二）油槽船

油槽船是主要用来装运液体货物的船舶。油槽船根据所装货物种类不同，又可分为油轮和液化天然气船。

1. 油轮

油轮主要装运液态石油类货物。它的特点是机舱都设在船尾，船身被分隔成数个贮油舱，有油管贯通各油舱。油舱大多采用纵向式结构，并设有纵向舱壁，在未装满货时也能保持船舶的平稳性。为取得较大的经济效益，第二次世界大战以后油轮的载重吨位不断地增加，目前世界上最大的油轮载重吨位已达到60多万吨。

2. 液化天然气船

液化天然气船专门用来装运经过液化的天然气。液化天然气的主要成分是甲烷，为了便于运输，通常采用在常压下，极低温（−165℃）冷冻的方法使其液化。天然液化气船也被称为"海上超级冷冻车"。

危险品货物运输纠纷案一则

原告：韩进海运有限公司（Hanjin Shipping Company）

被告：山东中粮进出口有限公司

原告韩进海运有限公司诉称，2009年5月8日，山东中粮进出口有限公司以托运人身份向原告订舱，由原告经营的"韩进不来梅"集装箱船第0049W航次，载运一个20英尺集装箱货物,从青岛港运往布达佩斯。山东中粮进出口有限公司办理托运时,只申报了货物的英文名称(Lime Chlorinated,未明确说明是危险品,仅一般地要求将该货物装载舱内水线下,远离热源,温度不要高于50℃,事实上该货是5.1类危险品漂白粉,正确的英文名称为Beaching Powder,在联合国《国际海运危险货物规则》中的编号为2208。2009年5月24日3:00时,当载有上述危险品的"韩进不来梅"轮在海上航行,载于船上第4舱的上述集装箱内危险品自燃起火,火势迅速蔓延,发生严重火灾事故,船员奋力用水灭火成功。该船于2009年6月8日抵达汉堡港。由于上述火灾事故,造成火灾和用水灭火引起的货损、雇佣拖轮、救助船、进避难港、聘请检验人、律师及共同海损理算等,使原告遭受了955 645.32美元的损失。

经详细检验查明,上述火灾事故的造成,完全是由被告托运的上述危险品货物包装不符合《国际海运危险货物规则》及中国的相关法律规定造成的。本案例中的被告为了减少运费,故意隐瞒了货物的危险品性质,从而导致原告按一般要求运输该批货物,所造成的全部货损均由被告承担。最终法院判决被告赔偿原告955 645.32美元的损失及利息。

模块二　全球主要的承运人

能力目标：能够利用网络或其他相关手段,查询承运人信息
知识目标：了解全球主要的承运人及其优势航线

任务训练

承运人资源调研

工作情境：小张在捷达国际货运代理有限公司实习了几天后,师傅告诉他近期从上海运往鹿特丹、洛杉矶、西雅图的海运询价比较多。请帮小张通过网络等手段,查询运往这些地区的承运人主要各有哪些,并作出合理的删选。

实施步骤：

1. 通过锦程物流网等平台进行搜索,查询相关承运人信息;
2. 通过网络等手段对承运人资信等情况进行调研,做出合理的删选。

成果检验：

1. 你帮助小张查询到的承运人有：

上海—鹿特丹：_____

上海—洛杉矶：_____

上海—西雅图：_____

2. 若只能向小张各推荐其中的一个承运人,你将如何选择？

上海—鹿特丹：_____　上海—洛杉矶：_____　上海—西雅图：_____

项目二 海运货代业务的前期准备

知识链接

一、全球主要的船公司介绍

1. MAERSK

马士基集团 成立于1904年,总部设在丹麦哥本哈根,在全球100多个国家设有数百间办事机构,雇员逾六万多名,服务遍及世界各地。马士基海陆,作为集团的集装箱海运分支,是全球最大的集装箱承运人,服务网络遍及六大洲。马士基物流为客户提供各种一站式的服务,包括:出口物流、仓储、分拨、空运、海运代理、报关代理和拖车服务,还能够根据客户的具体要求,度身定制各种服务。

2. MSC

地中海航运有限公司 成立于1970年,在世界十大集装箱航运公司中排名第二,业务网络遍布世界各地。1997年,地中海航运的泛太平洋航线正式起航,并迅即广泛地受到货主的欢迎。由开业初期只有几艘普通货船,到如今拥有240艘货柜轮。在全球五大洲215个码头停靠,提供175条直航和组合航线服务。

3. EVERGREEN

长荣海运股份有限公司 由张荣发创立于1968年9月1日,成立之初,仅以一艘二十年船龄的杂货船刻苦经营,虽创业维艰,但发展至今,已共经营约120艘全货柜轮,不论船队规模或货柜承载量皆位居全球前列。长荣海运网络遍布全球80多个国家,服务据点240余处。除了主要航线外,亦开辟了区域性接驳船的服务网,如加勒比海及印度次大陆等地区,缩短运送时间,协助货主掌握商机。

4. CMA-CGM

总部设在法国马赛的达飞海运集团 始建于1978年,目前是世界排名第三的集装箱全球承运人。目前,达飞集团在全球运营集装箱船舶394艘,装载力为7900000TEUS,在全球150个国家和地区设立了650家分公司和办事机构,其航迹遍及全球400多个港口,服务网络横跨五洲四海,成为全球航运界的后起之秀。

5. COSCO

中远集团 是中国大陆最大的航运企业,中央政府直管的特大型国有企业。中远集装箱运输有限公司是中远集团所属专门从事海上集装箱运输的核心企业。集装箱业务遍及全球,在全球拥有400多个代理及分支机构。网点遍及欧洲、美洲、亚洲、非洲和澳大利亚五大洲,做到了全方位、全天候服务。

6. PIL

新加坡太平船务(PIL) 1967年成立时是一家国内航运公司,1980年以后作为亚洲代表性海运公司之一而显著发展,近年更确立了作为集装箱经营者的世界地位。太平船务在从远东到欧洲、黑海、加拿大、印度、红海、波斯湾、东非、西南非、澳大利亚、新西兰、南美东岸、

25

北美两岸等众多航线上开展业务。此外,太平船务还积极开展到东南亚、孟加拉湾和印度东岸的支线运输。

7. CSCL

中海集运 CSCL 在1997年成立于上海,是以中国为基地的全球增长最快的主要集装箱运输公司。主要从事国际及国内集装箱航海运输的营运及管理。班轮航线发展到目前已拥有内外贸干支线50余条,航线服务范围覆盖整个中国沿海、亚洲、欧洲、美洲、非洲、波斯湾等全球各主要贸易区域。是中国最主要的航运商之一,亦在中国港口的集装箱航运业中占据主导地位。

8. 美国总统公司(APL)

美国总统公司 APL 拥有150多年的货运经验,是全球第六大集装箱班轮运输公司,向全世界超过125个国家和地区提供集装箱多式联运业务,其业务范围覆盖了北美、亚洲、欧洲、拉丁美洲和澳洲的各个主要市场。公司的主打航线是美国线,这和其起源有关系,也是美国总统公司的最大利润来源。

9. NYK

自1885年公司 NYK 成立以来,日本邮船在经历了无数挑战之后稳步成长起来并已成功跻身世界顶尖船公司之列。日本邮船一直致力于提供安全、优质的物流集运及班轮运输服务。日本邮船一直保持着日本航运界的领导地位。不仅承载货运量最大,而且航次最密集。NYK的宗旨是最大限度地利用信息技术为客户提供优质和超值的物流运输服务。

10. YML

阳明海运股份有限公司 YANG MING 成立于1972年,设立于中国台湾省基隆市,主营国际定期货柜运输,航线包含亚洲—北美西北、亚洲—北美西南、亚洲—北美东岸、亚洲—东、西地中海、亚洲—北欧、亚洲—红海、北欧—北美东岸等。公司以"准、快、稳、省"为经营理念,提供客户完善的服务。

11. K-LINE

日本川崎汽船株式会社 K LINE 建于1919年,是全球十大航运公司之一。旗下拥有近400艘世界先进的各种不同类型的船舶,航线遍及全球,在国际航运界有着重要影响。

12. MOL

商船三井与日本邮船及川崎汽船并称为日本三大海运公司 MOL,经营范围涉及各个船种。商船三井的经营范围涉及各个船种,拥有业界第一位的LNG船队,以及强大的干散货船和汽车滚装船,而集装箱运输领域则居世界10名左右。

13. HANJIN

韩进海运 HANJIN SHIPPING 作为韩国最大,世界十大船公司之一,以一支由200多艘集装箱船、散货船和液化天然气船组成的船队,运营着全球60多条定期和不定期航线,每年向世界各地运输上亿吨货物。2003年,韩进海运便同COSCO,YANMING,KLINE结成世界最大战略联盟"CKYH"。"CKYH"联盟的成立扩大了韩进海运的业务范围,通过提供直达服务,与盟友共享舱位来降低营运成本。

二、货代在选择承运人时应考虑的因素

不同的承运人的某条航线会有不同优势,相对来说价格优惠和航程速度、航次密度是货代考虑的重要因素。货代作为中间商,除了上述几点还需考虑以下因素:

（一）运输能力
1. 该运输公司提供运输工具的完好程度；
2. 该公司所雇佣的装卸公司的服务质量；
3. 该公司所雇用的从业人员的经验及工作责任心；
4. 该公司的货物运输控制流程。

（二）服务质量
1. 运输的准班率；
2. 航班的时间间隔、船舶的发船密度、铁路运输的发车间隔等；
3. 单证的准确率；
4. 信息查询的方便程度；
5. 货运纠纷的处理。

中远集运概览

中远集装箱运输有限公司,简称"中远集运",是中国远洋运输集团(中远集团)所属专门从事海上集装箱运输的核心企业。截至 2010 年年底,中远集运拥有 150 艘全集装箱船,总箱位超过 61 万标准箱；公司经营着 75 条国际航线,9 条国际支线,以及 70 条珠江三角洲和长江支线。船舶在全球 44 个国家和地区的 144 个港口挂靠。集装箱运输业务遍及全球,在全球拥有 400 多个代理及分支机构。在中国本土,拥有货运机构近 300 个。在境外,网点遍及欧洲、美洲、亚洲、非洲和澳大利亚,做到了全方位、全天候"无障碍"服务。承运能力排名世界前列。

一、业内地位
1. 中国第一航企
2. COSCO 成为最负盛名的中国航运品牌
3. 世界四大航商之一
4. 《财富》500 强世界四大航商企业中唯一的中国品牌
5. 2009 年,中远位列 500 强第 327 位,排名三年大幅上升

二、CKYH 强大联盟

2001 年,CKYH 四方联盟形成。2010 年,联盟实现运力 396 艘,155 万 TEU,居全球三大联盟之首。该联盟在航线覆盖面、交货期、航次密集度等方面都具有很强的竞争力。

模块三　全球主要的航线

能力目标：能够根据客户需求，选择合理的海运航线
知识目标：掌握全球主要的航线分布，了解主要承运人的优势航线

任务训练

航　线　设　计

工作情境：接下来，师傅又给小张布置了查询航线的任务。湖州正兴进出口有限公司有一批女式针织衫要从上海分别运往仁川、名古屋、温哥华、西雅图、布宜诺斯艾利斯、墨尔本、哥本哈根、鹿特丹、安特卫普，请帮小张画出各航线的大概位置。

实施步骤：
1. 找到各港口的位置，并归属到合适的航线；
2. 查询全球主要航线的分布，画出各航线的大概位置。

成果检验：
1. 请在世界地图上指出各航线大概位置。
2. 假设，小张碰到了如下两种情况：
① 某外贸公司来函：出口一批玩具运输到美国的休斯敦。
② 另一公司来函，出口打火机到美国休斯敦。
请考虑在上述两种情况下，小张能否选择同一航线运输，为什么？

_____
_____

知识链接

一、全球主要的航线

如图 2-5 所示为世界主要港口、航线示意图。

（一）太平洋航线组
1. 远东—北美西海岸各港航线
该航线指东南亚国家、中国、东北亚国家各港，沿航线横渡北太平洋至美、加西海岸各港。该航线随季节也有波动，一般夏季偏北、冬季南移，以避开北太平洋的海雾和风暴。本航线是二战货运量增长最快的航线之一。

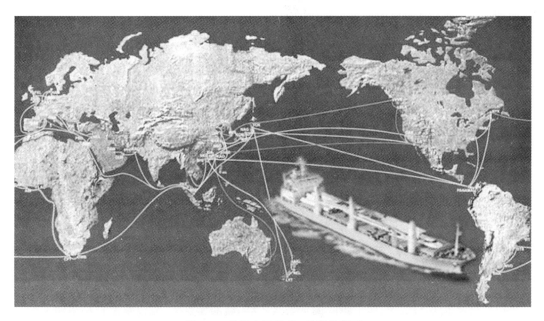

图 2-5　世界主要港口、航线示意图

2. 远东—加勒比海、北美东海岸各港航线

该航线不仅要横渡北太平洋,还越过巴拿马运河,横渡大洋的距离也较长,夏威夷群岛的火奴鲁鲁港是它们的航站之一,船舶在此添加燃料和补给品等,本航线也是太平洋货运量最大的航线。

3. 远东—南美西海岸各港航线

该航线与上一航线相同的是都要横渡大洋、航线长,要经过太平洋中枢纽站;但不同的是不用过巴拿马运河。该线也有先南行至南太平洋的枢纽港,后横渡南太平洋到达南美西岸的。

4. 远东—澳、新及西南太平洋岛国各港航线

该航线不需要横跨太平洋,而在西太平洋南北航行,航线较短。但由于北部一些岛国(地区)工业发达而资源贫乏,而南部国家资源丰富,因而初级产品运输特别繁忙。

5. 东亚—东南亚各港航线

该航线涉及日本、韩国、朝鲜、俄国远东及中国各港西南行至东南亚各国港口。该航线虽短,但往来频繁,地区间贸易兴旺,且发展迅速。

6. 远东—北印度洋、地中海、西北欧航线

该航线经马六甲海峡往西,也有许多初级产品销往北印度洋国家和地区,如石油。经苏伊士运河至地中海、西北欧的运输以制成品集装箱运输为多。本航线货运繁忙。

7. 东亚—东南非、西非、南美东海岸航线

该航线大多经东南亚过马六甲海峡行至东南非各港,或再过好望角去西非国家各港,或横越南大西洋至南美东海岸国家各港。该航线也以运输资源型货物为主。

8. 澳(澳大利亚)、新(新西兰)—北美西、东海岸航线

澳新至北美西海岸各港,一般都经过苏瓦和火奴鲁鲁等这些太平洋航运枢纽,至北美东海岸各港及加勒比海国家各港,需经巴拿马运河。

9. 澳、新—南美西海岸国家各港航线

该航线需横越南太平洋。由于两岸国家和人口稀少,故贸易量少,航船稀疏。

10. 北美东、西海岸—南美西海岸航线

该航线都在南北美洲大陆近洋航行,由于南美西岸国家人口少、面积小,南北之间船舶往来较少。巴拿马运河是南北美西海岸至北美东海岸港口的必经之路。

(二) 印度洋航线组

1. 中东海湾—远东各国港口航线

该航线东行都以运输石油为主,特别是往日本、韩国的石油运输,西行以工业品、食品为多。

2. 中东海湾—欧洲、北美东海岸港口航线

该航线的超级油轮都经莫桑比克海峡、好望角绕行。随着苏伊士运河的不断拓宽,通过运河的油轮日益增多,目前25万吨级满载轮已能安全通过。

3. 远东—苏伊士运河航线

该航线连接远东与欧洲、地中海两大贸易区各港,航船密度大,尤以集装箱船运输繁忙。

4. 澳大利亚—苏伊士运河、中东海湾航线

该航线把澳大利亚、新西兰与西欧国家间传统贸易联结在一起,也有利于开展中东和澳大利亚间石油与农牧产品间的贸易。

5. 南非—远东航线

该航线将巴西、南非的矿产输往日本、韩国、还有中国,也把工业品回流。

6. 南非—澳、新航线

该航线横渡南印度洋,航船班次少,贸易量大。

(三) 大西洋航线组

1. 西北欧—北美东岸各港航线

该航线连接北美和西北欧这两个经济发达的地区,航运贸易的历史悠久,船舶往来特别繁忙,客货运量大。

2. 西北欧—地中海、中东、远东、澳、新各港航线

西北欧至地中海航线主要是欧洲西北部与欧洲南部国家之间的连线,距离较短。经过苏伊士运河至中东、远东、澳、新地区航线的货运量很大,是西北欧与亚太地区、中东间最便捷的航线,是西北欧地区第二大航线。

3. 西北欧—加勒比海岸各港航线

该航线横渡北大西洋,经过莫纳海峡,有的还与经过巴拿马运河的太平洋航线相连接。

4. 欧洲—南美东海岸或非洲西海岸各港航线

该航线多经加纳利群岛或达喀尔港歇脚,是欧洲发达国家与南大西洋两岸发展中国家的贸易航线,欧洲国家输出的大多是工业制成品,输入的以初级产品居多。

5. 北美东岸—地中海、中东、亚太地区航线

该航线与西北欧—地中海、中东、远东航线相似,但航线更长,需横渡北大西洋。货物以石油、集装箱货为主。

6. 北美东海岸—加勒比海沿岸各国港口航线

该航线较短,但航船密度频繁,不仅有两地区各港口间的往来船只,还有经过巴拿马运河至远东、南北美西海岸国家港口间的船只。

7. 北美东海岸—南美东海岸港口航线

该航线是南北美洲之间工业品与农矿产品的对流航线。

8. 南北美洲东岸—好望角航线

北美东海岸港口经过好望角至中东海湾是巨型油轮的运输线,20万吨级以上油轮需经此,还有西北欧的巨型油轮也经此。该航线输入和输出的产品主要有石油、铁矿石等。

(四)北冰洋航线

由于北冰洋系欧、亚、北美三洲的顶点,为联系三大洲的捷径。鉴于地理位置的特殊性,目前,北冰洋已开辟有从摩尔曼斯克经巴伦支海、喀拉海、拉普捷夫海、东西伯利亚海、楚科奇海,白令海峡至俄国远东港口的季节性航海线;以及从摩尔曼斯克直达斯瓦尔巴群岛、冰岛的雷克雅未克和英国的伦敦等航线。

二、全球主要承运人的优势航线

航线覆盖面是衡量承运人综合实力的指标之一。承运人根据业务量等因素推出优势航线。承运人在优势航线上通常具有航次、运力、航程等方面的优势。因此,货代通常会选择航线为优势航线的承运人来运输货物。全球主要承运人的优势航线如表2-1所示。

表2-1 全球主要承运人的优势航线

承运人	优势航线
APL(美国总统轮船)	美加线,中东印巴线,东南亚线,欧地线
CSCL(中海集运)	欧地线,美线,非洲线,中东印巴线,东南亚线,澳新线
CMA(达飞轮船船务公司)	欧地线,美线
COSCO(中远集运)	欧地线,美线,非洲线,中东印巴线,东南亚线,澳新线
EVERGREE(长荣海运)	欧地线,美线,非洲线,中东印巴线,东南亚线,澳新线
HANJIN(韩进海运)	北美线,欧地线,中东印巴线,东南亚线,日韩线
HPL(赫伯罗特船务公司)	欧地线,美线,中东印巴线,东南亚线,澳新线
K'LINE(川崎汽船株式会社)	美线,欧地线,中东印巴线,东南亚线,日韩线
MOL(商船三井)	美线,非洲线,中东印巴线,东南亚线,澳新线
MSK(马士基海陆有限公司)	欧地线,美线,非洲线,中东印巴线,东南亚线,澳新线
MSC(地中海航运公司)	欧地线,美线,非洲线,中东印巴线,东南亚线,澳新线
NYK(日本邮船有限公司)	欧地线,美线,中东印巴线,东南亚线,澳新线
OOCL(东方海外)	欧地线,美线,中东印巴线,东南亚线,澳新线
YML(阳明海运)	欧地线,美线,中东印巴线,东南亚线
ZIM(以星轮船船务公司)	欧地线,美线,非洲线,印巴线,东南亚线,澳新线
CNC(正利航业股份公司)	日韩台,东南亚
HMM(现代商船有限公司)	北美,欧地线

模块四 集装箱认知

能力目标：能够根据托运货物的性质，选择合适的箱型
知识目标：掌握集装箱的分类，了解不同箱型的特点

任务训练

集装箱箱型选择

工作情境：师傅告诉小张，集装箱分为干货集装箱、罐式集装箱、台式集装箱、散货集装箱等多种类型，要根据所托运货物的性质选择合适的箱型。请帮小张，根据货物的性质特点进行合理的箱型搭配。

成果检验：
请将货物和集装箱类型进行合理的配对。

女式针织衫	干货集装箱
巧克力	开顶集装箱
谷物	散货集装箱
木材	罐式集装箱
易腐食品	冷藏集装箱
长笨货	通风集装箱
石油	台式集装箱

知识链接

一、集装箱的定义

集装箱又称"货柜"或"货箱"，是指具有一定的强度和刚度，供周转使用并便于机械操作和运输的大型货物容器。可用于海洋、铁路、公路等多种运输方式。集装箱运输以集装箱这种大型容器为载体，将货物集合组装成集装单元，以便在现代流通领域内运用大型装卸机械和大型载运车辆进行装卸、搬运作业和完成运输任务，从而更好地实现货物"门到门"运输的一种新型、高效率和高效益的运输方式。

从规格上来说，有20英尺、40英尺、45英尺和高柜。
20英尺柜：内容积为 $5.90 \times 2.34 \times 2.38$ 米，配货毛重一般为17.5吨，体积为25立方米。
40英尺柜：内容积为 $11.95 \times 2.34 \times 2.38$ 米，配货毛重一般为22吨，体积为54立方米。
40英尺高柜：内容积为 $11.95 \times 2.34 \times 2.68$ 米，配货毛重一般为22吨，体积为68立方米。
45英尺高柜：内容积为：$13.58 \times 2.34 \times 2.71$ 米，配货毛重一般为29吨，体积为86立方米。

二、集装箱的类型

集装箱按照所载货物分为不同的若干类型(如图 2-6 所示)。

图 2-6　集装箱类型

(一) 开顶集装箱

开顶集装箱(Open Top Container)没有箱顶,可用起重机从箱顶上面装卸货物,装运时用防水布覆盖顶部,适合于装载体积高大的物体,如玻璃板等。

(二) 干货集装箱

干货集装箱(Dry Container)以装运杂货为主,通常用来装运文化用品、日用百货、医药、纺织品、工艺品、化工制品、五金交电、电子机械、仪器及机器零件等。这种集装箱占集装箱总数的 70%～80%。

(三) 台式集装箱

台式集装箱(Platform Container)形状类似铁路平板车,适宜装超重超长货物,长度可达 6 米以上,宽 4 米以上,高 4.5 米左右,重量可达 40 吨。且两台平台集装箱可以联结起来,装 80 吨的货,用这种箱子装运汽车极为方便。

(四) 罐式集装箱

罐式集装箱(Tank Container)又称液体集装箱。是为运输食品、药品、化工品等液体货物而制造的特殊集装箱。其结构是在一个金属框架内固定上一个液罐。

(五) 冷藏集装箱

冷藏集装箱(Reefer Container)分外置和内置式两种。温度可在零下 28℃到零上 6℃之间调整。内置式集装箱在运输过程中可随意启动冷冻机,使集装箱保持指定温度;而外置式则必须依靠集装箱专用车、船和专用堆场、车站上配备的冷冻机来制冷。这种箱子适合在夏天运输黄油、巧克力、冷冻鱼肉、炼乳、人造奶油等物品。

（六）通风集装箱

通风集装箱(Ventilated Container)箱壁有通风孔,内壁涂塑料层,适宜装新鲜蔬菜和水果等怕热怕闷的货物。

（七）散货集装箱

散货集装箱(Bulk Container)一般在顶部设有2～3个小舱口,以便装货。底部有升降架,可升高成40°的倾斜角,以便卸货。这种箱子适宜装粮食、水泥等散货。如要进行植物检疫,还可在箱内熏舱蒸洗。

（八）挂式集装箱

挂式集装箱(Dress Hanger Container)适合于装运服装类商品的集装箱。

（九）框架集装箱

框架集装箱(Flat Rack Container)没有箱顶和两侧,其特点是从集装箱侧面进行装卸。以超重货物为主要运载对象,还便于装载牲畜,以及诸如钢材之类可以免除外包装的裸装货。

（十）牲畜集装箱

牲畜集装箱(Pen Container)侧面采用金属网,通风条件良好,而且便于喂食。是专为装运牛、马等活动物而制造的特殊集装箱。

（十一）保温集装箱

保温集装箱(Insulated Container)箱内有隔热层,箱顶又有能调节角度的进出风口,可利用外界空气和风向来调节箱内温度,紧闭时能在一定时间内不受外界气温影响。适宜装运对温湿度敏感的货物。

三、集装箱的运输方式

（一）整箱(FCL)

整箱货的特点：货物批量大,全部货物均属于一个货主,到达地一致。货物从发货人处装箱后一直到收货人拆箱为止,一票到底。整箱货业务流程如图2-7所示。

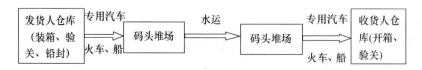

图2-7 整箱货业务流程

（二）拼箱(LCL)

拼箱货的特点：货物批量小,而且货物来自不同起运地,待货物集中后,把不同票而到达同一目的地的货物拼装在同一个集装箱内,再通过各种运输方式把货物运送给收货人。拼箱货业务流程如图2-8所示。

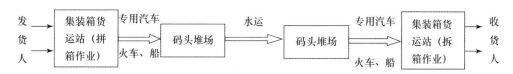

图 2-8　拼箱货业务流程

四、集装箱的交接地点和方式

（一）目前，集装箱的交接地点主要有门、场、站等（如图 2-9 所示）

堆场　　　　　　货运站　　　　　　门

图 2-9　集装箱交接地点

1. 堆场（CY）

堆场是办理集装箱重箱或空箱装卸、转运、保管、交接的场所。

2. 门（DR）

门指货仓或厂库。

3. 集装箱货运站（CFS）

货运站是处理拼箱货的场所，它办理拼箱货的交接，配载积载后，将箱子送往堆场，并接受堆场交来的进口货箱，进行拆箱、理货、保管、最后拨给各收货人。同时也可按承运人的委托进行铅封和签发场站收据等业务。

（二）集装箱交接方式

集装箱货物的交接方式一般分为 9 种，分别是：

门到门：由托运人负责装载的集装箱，在其货仓或厂库交承运人。验收后，负责全程运输，直到收货人的货仓或工厂仓库交箱为止。

场到场：由起运地或装箱港的集装箱装卸区堆场至目的地或卸箱港的集装箱装卸区堆场。

场到站：由起运地或装箱港的集装箱装卸区堆场至目的地或卸箱港的集装箱货运站。

站到站：由起运地或装箱港的集装箱货运站至目的地或卸箱港的集装箱货运站。

门到场：由发货人货仓或工厂仓库至目的地或卸箱港的集装箱装卸区堆场。

门到站：由发货人货仓或工厂仓库至目的地或卸箱港的集装箱货运站。

场到门：由起运地或装箱港的集装箱装卸区堆场至收货人的货仓或工厂仓库。

站到门：由起运地或装箱港的集装箱货运站至收货人的货仓或工厂仓库。

站到场：由起运地或装箱港的集装箱货运站至目的地或卸箱港的集装箱装卸区堆场。

目前，上述 9 种方式中主要采用的有 3 种，即 CY-CY、CY-CFS 和 CFS-CFS。

模块五　集装箱配载

能力目标：能够根据托运货物的体积、重量，进行合理的集装箱配载

知识目标：掌握集装箱配载的方法

集装箱配载计算

工作情境：师傅告诉小张，不同的集装箱箱型的基本运费是不同的，不同的箱型的装载要求也不同。在计算运费前，需要确定箱型和数量。假设：有一批出运货物为纸箱包装的服装，共300箱，体积为120立方米，重量为20吨，集装箱箱容利用率为80%。在不允许与其他货物混拼的情况下，需要多少个20′GP(20英尺集装箱)普通干货集装箱？

实施步骤：

1. 查找20′GP普通干货集装箱的参数；
2. 判断货物的性质，重货还是轻货；
3. 计算所需的集装箱个数。

成果检验：

需要20′GP普通干货集装箱_____个。

知识链接

在竞争日趋激烈的货代市场，货代总是尽量把每个集装箱都装满，以使货主利益最大化。不少的船公司或者货代企业都拥有装箱软件，把所有产品箱子尺寸输入，它会自动计算。在没有软件的情况下，货代也学会自己估算。

一、集装箱的规格参数

不同类型的集装箱规格参数，可以通过物流类专业网站进行查询，下面介绍几种主要的集装箱的相关参数(如表2-2，表2-3所示)：

表2-2　集装箱内部尺寸

尺寸	干货箱			冷藏箱			开顶箱		
	L(mm)	W(mm)	H(mm)	L(mm)	W(mm)	H(mm)	L(mm)	W(mm)	H(mm)
20′	5898	2352	2393	5450	2294	2273	5895	2352	2348
40′	12032	2352	2393	/	/	/	12029	2352	2348
40′HC	12032	2352	2698	11590	2294	2557	/	/	/

表 2-3 箱体总重,载重和自重

尺寸	干货箱			冷藏箱			开顶箱		
	MGW(kg)	PL(kg)	TW(kg)	MGW(kg)	PL(kg)	TW(kg)	MGW(kg)	PL(kg)	TW(kg)
20′	30480	28680	2220	30480	27480	3000	30480	28180	2300
40′	32500	28780	3720	/	/	/	30480	26500	3980
40′HC	32500	27760	4740	34000	29240	4760	/	/	/

二、集装箱配载的计算方法

在集装箱配载时,要选择合适的箱型,综合考虑货物的包装、重量、体积等因素进行合理的计算。既要做到箱容利用的最大化,又要考虑货物本身的特点。

(一)计算所需集装箱数量

在实践中,货运代理和货主需要对托运货物进行合理计算,估算所需的集装箱数量。

假设:A 外贸公司托运的货物是 130 吨钢构配件,总体积约 350 立方米,假设集装箱的箱容利用率为 80%,在不允许与其他货物混拼的情况下,需要多少个 40′HC 柜?

具体来说,集装箱的配载分为以下几个步骤:

1. 判断货物是轻货还是重货

货物是轻货还是重货,取决于货物密度和集装箱单位容重的比较。当货物密度大于集装箱单位容重,则为重货;反之,则为轻货。

货物密度是指货物单位容积的重量,用货物的质量(千克)除以体积(立方米)。

集装箱的单位容重等于集装箱的最大载重量(千克)除以集装箱的有效容积(立方米)。集装箱单位容重的相关参数如表 2-4 所示。

表 2-4 集装箱单位容重

集装箱种类	集装箱容积/m³	最大载重量/kg	箱容利用率为100%时的单位容重/(kg/m³)
20′GP	33.1	21740	821.0
40′GP	67.7	26630	491.7
40′HC	73.3	26600	453.6

解:货物密度 = 130000/350 = 371.4(kg/m³)

箱容利用率为 80% 时,40HC 柜的单位容重 = 26600/(73.3×80%) = 453.6(kg/m³)

因此,集装箱单位容重大于货物密度,货物为轻货。

2. 计算所需集装箱数量

若货物为重货,集装箱数量 = 货物重量/集装箱最大载重量;若货物为轻货,集装箱数量 = 货物总体积/集装箱有效容积。

解:集装箱数量 = 350/(73.3×80%) = 5.97

因此,需要 6 个 40HC 柜。

(二)计算最大包装数量

在实践中,货主和货代还需要对一个箱型最大装货量有一定的了解,以便集装箱利用率最大化。

假设:A 外贸公司出口运输包装的纸箱尺码是 45cm×30 cm×32cm,每箱毛重 6.5kg,通过询问,了解到集装箱的规格如下(见表 2-5),在使用 20 英尺集装箱时的最大载货量是多少箱?

表 2-5 标准集装箱装载要求

运载工具	外尺寸(米)	内尺寸(米)	实际容积(立方米)	载货量(t 吨)
40 英尺集装箱	12.2×2.44×2.59	11.8×2.13×2.18	54	22(净载货)
20 英尺集装箱	6.1×2.44×2.59	5.69×2.13×2.18	25	17.5(净载货)

解:纸箱的尺码:45cm×30 cm×32cm=0.0432(立方米)

根据实践经验,纸箱之间应加 2cm 的空隙,即:

长:45+2=47(cm),宽:30+2=32(cm),高:32+2=34(cm)

20 英尺标准集装箱的内径:5.69cm(长)×2.13cm(宽)×2.18cm(高)

经测算,12 个纸箱的"长":47×12=564(cm),接近集装箱的"长"569cm;

经测算,6 个纸箱的"高":34×6=204(cm),接近集装箱的"高"218cm。

因此,可按照每行 12×6=72(箱)排放,然后测算纸箱的"宽"能在集装箱的"宽"中排放多少:213÷32=6.66,可以装 6 箱。

20 英尺集装箱可装载:12×6×6=432(箱)

三、集装箱配载时应注意的问题

我们在使用集装箱时,是要将分散的普通件杂货装于箱内,使之成为一件货物,所以在装箱时,一是要注意箱内的货物配载,即不能把不应放在同一箱内的货物放在一起,例如有毒物品不能与食物配在一起,易燃物质不能与含氧程度高的物质配在一起,易串味的物质不能配在一起等;二是要注意积载,即重货在下,轻货在上;三是要注意隔垫,即不同货物用物料隔开,注意正确使用垫料,有些货物尚需进行固定;四是有特殊要求的货物应按要求进行特殊处理。某货运公司为了集装箱空间利用最大化,将价值百万元的药材和茶叶混装在一个集装箱内,结果导致价值百万元的药材和茶叶串味,最终不得不付出 100 多万元的惨重代价。

模块六 船期表识读

能力目标:能够根据装船日、交货日等信息,提供配船方案

知识目标:掌握船期表的识读方法

任务训练

航期选择

工作情境:对航线有了基本的认识后,师傅给了小张 1 份船期表(见表 2-6)。

1. 若有批货外贸合同规定最迟装船日为 5 月 17 日,运抵美国洛杉矶,外贸公司在 5 月 7 日能备好货,请问有哪些航次符合要求?
2. 若客户还要求到货时间不得晚于 6 月 2 日,小张又该如何选择?

表 2-6　上海—美西线船期表

船名	航次	进箱日	截港日	装期	开航	TIW	LAS	OAK	AMS
YM COSMOS	SKO	072E	4-29	5-2	5-2	5-3	5-15	5-18	5-21	2013-4-30 11:00 AM
YM ORCHID	SKH	074E	5-6	5-9	5-9	5-10	5-22	5-25	5-28	2013-5-7 11:00 AM
YM PLUM	SKI	075E	5-13	5-16	5-16	5-17	5-29	6-1	6-4	2013-5-14 11:00 AM
YM SUCCESS	SFP	061E	5-20	5-23	5-23	5-24	6-5	6-8	6-11	2013-5-21 11:00 AM
YM WEALTH	SFL	066E	5-27	5-30	5-30	5-31	6-12	6-15	6-18	2013-5-28 11:00 AM

成果检验:
1. 若最迟装船日为 5 月 12 日,小张的选择是_____
2. 在上题基础上,到货时间不得晚于 5 月 27 日,小张的选择是_____

知识链接

根据装运港和目的港,结合货主的交付期等信息,查询适合的航次也是货代工作任务之一。看懂船期表,获取相关信息并在众多航次中进行筛选,是货代必须会做的。英语水平只要达到高中毕业就完全可以搞懂船期表的内容,如果是专业人员则需要把班期时刻记在脑中。

一、船期的定义

船期一般是由船公司根据市场情况而制定并对外公开的,以方便下游产业链安排出货时间,那么如何知道船期呢,这就涉及船期查询的问题,一般船期查询有两种主要渠道:

第一,直接向船公司查询,例如要查询从大连到圣彼得堡在 9 月份的船期安排是什么样的,就可以直接向船公司去电话或发传真查询,一般由于船公司部门机构庞大,未必能够在最短的时间里得到准确的信息,所以这种方式效率并不高。

第二,向一些专业的海运行业网站(公司)查询,例如要查询从深圳到马尼拉在 5 月份的船期安排是什么样的,可以登录深圳海运网进行查询。

二、船期表的识读

(一)船期表的定义

船期表就是船舶航行靠泊时间表,也称为班期表。它的主要作用在于招揽航线途经港口的货物,既可以满足货主的要求,又体现海运服务的质量。同时,有助于船舶、港口和货物的衔接,以便提高船舶在挂靠港口的工作效率。船期表的查询方法,一般有三种:按起止港查询、按停靠港查询和按船名查询。

(二)船期表的内容

下面,以中远货运欧地线的船期表(见表 2-7)为例,具体阐述船期表内容:

表 2-7　上海中远货运欧地线上海开航班轮船期表

船名	航次	IRIS2 CODE	周一进箱日	截港日	装期	开航	HKG3	SGP8	PIR22	NAP24	GOA27	BCN28	VAL30	挂靠码头
HANJIN BASEL	053W	SAB 053W	4-29	5-1	5-2	5-3	5-6	5-11	5-25	5-27	5-30	5-31	6-2	洋山港一期
HANJIN CHICAGO	045W	SBS 045W	5-6	5-8	5-9	5-10	5-13	5-18	6-1	6-3	6-6	6-7	6-9	
COSCO HONGKONG	072W	CBI 072W	5-13	5-15	5-16	5-17	5-20	5-25	6-8	6-10	6-13	6-14	6-16	
COSCO QINGDAO	076W	CBN 076W	5-20	5-22	5-23	5-24	5-27	6-1	6-15	6-17	6-20	6-21	6-23	
COSCO ROTTERDAM	062W	CBK 062W	5-27	5-29	5-30	5-31	6-3	6-8	6-22	6-24	6-27	6-28	6-30	
1. THESSALONIKI/HAYDARPASA/IZMIR 由 PIRAEUS 中转。													
2. TINCAN/TEMA/ABIDJAN 由 NAPLES 中转。VENICE/KOPER/ANCONER/RIJEKA 由 NAPLES 中转。													
3. 北非港口：CASABLANCA/TUNIS/TRIPOLI/MISURATA/BENGHAZI 由 NAP 中转。ALGER 由 BAR 中转。													

说明：

此船期表的航线从上海开航，途经香港、新加坡、比雷埃夫斯、那不勒斯、日内瓦、巴塞罗那最后到达瓦尔帕来索。

以 045W 航次为例，该航次货物 5 月 8 日截关，5 月 9 日在上海洋山港装船，5 月 10 日开船，5 月 13 日停靠香港，5 月 18 日停靠新加坡港，最后到达瓦尔帕来索港的时间是 6 月 9 日。

另外，在船期表中还可能涉及的英文及缩写有：

Vsl：船名　　　　　　　　　　Voy：航次
Loading Port：起运港　　　　　Discharge Port：中转港
Destination：目的港　　　　　　Cut Off：截关时间
CY Closing：集港时间　　　　　ETD：预计开航日
ETA：预计到港日

模块七　海运费计算

能力目标：能够根据运价本计算班轮运费
知识目标：掌握杂货班轮运输和集装箱运输方式下运费的计算方法

任务训练

集装箱运费计算

工作情境：师傅告诉小张，作为货代除了要会看船期表，还要能够计算运费。在班轮运输中，分为杂货运输和集装箱运输，两者的计算方法也略有不同。师傅给了小张一个例子：

某外贸公司委托捷达国际货运代理有限公司出口一批女式针织衫从上海港运往西雅图港。该批货物共 1000 箱，报价为每箱 4000 美元 FOB 上海，每箱体积 $1.4m \times 1.3m \times 1.1m$，毛重为每箱 20kg。请帮助小张分别计算拼箱货运输和整箱货运输方式下该批货物的运费。

实施步骤：

1. 若采用拼箱货运输，小张查询货物分类表和运价本后得知，该航线基本费率为每吨运费 26 美元，以 W/M 计算，并加收燃油附加费 10%。

2. 若采用整箱货运输，小张向船公司询价，船公司报价 1215/1530/1580（ALL IN 价）。

3. 完成运费计算。

成果检验：

1. 拼箱货运输方式下，运费计算如下：_____
2. 整箱货运输方式下，运费计算如下：_____

 知识链接

集装箱运输费用的单位价格称为集装箱运价。国际集装箱运价不是一个简单的价格金额，而是包括费率标准、计收办法、承托双方责任、费用、风险划分等的一个综合价格体系。由于集装箱运输打破了"港到港"交接的传统，可以实现"门到门"的运输，使得承运人的运输路线增长，运输环节增多。集装箱运输过程中花费的成本构成也与传统运输有很大区别，而且由于以集装箱为运输单元，其计费方式也有了很大变化。

一、集装箱运费的构成

集装箱货物海运运价是根据运价本规定的费率和计费办法计算运费，有基本运费和附加费之分。运费＝基本运费＋附加费。

（一）基本运费

基本运费指在正常条件下，普通货物从装运港到卸货港所收的运费。

（二）附加费

国际集装箱海运运费除计收基本运费外，也要加收各种附加费。附加费是在基本运费的基础上另加收的费用，如对一些需特殊处理的货物所加收的费用，或由于突发事件、客观情况变化等原因所加收的费用。

1. 货物附加费

某些货物，如钢管之类的超长货物、超重货物、需洗舱（箱）的液体货物等，由于它们的运输难度较大或运输费用增高，因而对此类货物要增收货物附加费（Cargo Additional）。当然，对于集装箱运输来讲，计收对象、方法和标准有所不同。例如对超长、超重货物加收的超长（Bulky Additional）、超重（Heavy Additional）、超大件附加费（Heavy lift and Over-length Additional）只对由集装箱货运站装箱的拼箱货收取，其费率标准与计收办法与普通班轮相同。如果采用CFS/CY 或 CY/CFS 条款，则对超长、超重、超大件附加费减半计收。

2. 燃油附加费

燃油附加费（Bunker Adjustment Factor，BAF）指因国际市场上燃油价格上涨而征收的附加费。集装箱分别按拼箱货和整箱货不同计算标准征收。如整箱货以20ft或40ft一个箱子加收若干元征收。

3. 币值附加费

币值附加费（Currency Adjustment Factor，CAF）指因某一挂靠港所在国货币币值与美元相比升值，为补偿船舶港口损失而征收的附加费。

4. 港口拥挤附加费

港口拥挤附加费(Port Congestion Surcharge)是在集装箱运输中主要指港口拥挤或集装箱进出不平衡,导致船舶长时间等泊或集装箱在港积压而增收的附加费。

5. 选港附加费

选择卸货港或交货地点仅适用于整箱托运整箱交付的货物,拼箱货的收货人不同,所以船公司通常不接受选港要求。一张提单的货物只能选定在一个交货地点交货,并按箱(20ft/40ft)收取选港附加费(Optional Additional)。

选港货应在订舱时提出,经承运人同意后,托运人可指定承运人经营范围内直航的或经转运的三个交货地点内选择指定卸货港,其选卸范围必须按照船舶挂靠顺序排列。此外,提单持有人还必须在船舶抵达选卸范围内第一个卸货港 96 小时前向船舶代理人宣布交货地点,否则船长有权在第一个或任何一个选卸港将选卸货卸下,即应认为承运人已终止其责任。

6. 变更卸港附加费

变更目的港仅适用于整箱货,并按箱计收变更目的港附加费。提出变更目的港的全套正本提单持有人,必须在船舶抵达提单上所指定的卸货港 48 小时前以书面形式提出申请,经船方同意变更。如变更目的港的运费超出原目的港的运费时,申请人应补交运费差额,反之,承运人不予退还。由于变更目的港所引起的翻舱及其他费用也应由申请人负担。

7. 港口附加费

集装箱港口附加费(Port Additional)是指在装港接受处理并把集装箱装上船舶,在卸港将集装箱卸离船舶并放置前方堆场以及处理相关单证而收取的附加费。此项费用在不同的港口有不同的名称和解释,如上海港称 SPS(Shanghai Port Surcharge)。此项附加费与堆场服务费(THC)收取内容上有一定交叉。附加费的收取一方面是船公司为弥补特殊情况出现而收取的,另一方面也成为船公司无形提价的一种有力武器,在实践中货方对此颇有微词。

8. 服务附加费

当承运人为货主提供了诸如货物仓储或转船运输以及内陆运输等附加服务时,承运人将加收服务附加费(Service Additional)。对于集装箱货物的转船运输,包括支线运输转干线运输,都应收取转船附加费(Trans-shipment Additional)。

除上述各项附加费外,其他有关的附加费计收规定与普通班轮运输的附加费计收规定相同。这些附加费包括:由于调运空箱而征收的空箱调运费;集装箱货源旺季,船公司因舱位不足所征收的旺季附加费;因战争、运河关闭等原因迫使船舶绕道航行而增收绕航附加费(Deviation Surcharge);对于贵重货物,如果托运人要求船方承担超过提单上规定的责任限额时,船方要增收超额责任附加费(Additional for Excess Liability)。

需指出的是,随着世界集装箱船队运力供给大于运量需求的矛盾越来越突出,集装箱航运市场上削价竞争的趋势日益蔓延,因此,目前各船公司大多减少了附加费的增收种类,将许多附加费并入运价当中,给货主提供一个较低的包干运价。这一方面起到了吸引货源的目的,同时也简化了运费结算手续。

二、集装箱运价的分类

目前集装箱货物运价基本上分为两大类:一类沿用件杂货运费计算方法,以每运费吨(W/M)为计算单位,加上相应的附加费;另一类是以箱为计算单位,按航线包箱费率计算。前一类计算方法对拼箱货运输较为合适,后一类对整箱货运输较为合适。

三、集装箱运费的计算

(一) 拼箱货运费计算

目前,各船公司对集装箱运输的拼箱货运费的计算,基本上是依据件杂货运费的计算标准来计费。另外,在拼箱货海运运费中还要加收与集装箱货运站作业有关的费用,如拼箱服务费、困难作业费、超重或超大件作业费等。

1. 计费标准

在计算运费时,首先要根据计费标准,确定计费重量(也叫运费吨,Freight Ton)。常见的计费标准有以下几种:

(1) 按货物毛重计收,运价表内用"W"表示。
(2) 按货物的体积计收,运价表内用"M"表示。
(3) 按重量或体积两种标准中选较高的一种计算,运价表上用"W/M"表示。
(4) 按商品的价值计收,运价表上用"Ad. Val"表示。
(5) 按货物的件数计收。
(6) 货主和船公司临时议定。

2. 拼箱货运费计算举例

小张收到客户托书一份,要求采用拼箱方式运输出口商品 100 箱,每箱体积 30cm×60cm×50cm,毛重 40kg,查运费表知该货为 9 级,计费标准为 W/M,基本运费为每运费吨 80 美元,另加收燃油附加费 20%。请计算该批货物的总运费。

解:

(1) 确定计费标准:$30cm \times 60cm \times 50cm = 90000cm^3 = 0.09(m^3)$,$0.09 > 0.04$,故按 M 收费。
(2) 计算一个箱子的运费:$0.09 \times 80 \times (1+20\%) = 8.64$(美元)
(3) 计算总运费:$8.64 \times 100 = 864$(美元)

3. 拼箱货运费计算中应注意的问题

(1) 承运人在运费中加收拼箱服务费等常规附加费后,不再加收件杂货码头收货费用。承运人运价本中规定 W/M 费率后,基本运费与拼箱服务费均按货物的重量和尺码计算,并按其中高者收费。

(2) 拼箱货运费计算与船公司或其他类型的承运人承担的责任和成本费用是一致的。由于拼箱货是由货运站负责装、拆箱,承运人的责任从装箱的货运站开始到拆箱的货运站为止,接收货物前和交付货物后的责任不应包括在运费之内。装拆箱的货运站应为承运人所拥有或接受承运人委托来办理有关业务。

(3) 由于拼箱货涉及不同的收货人,因而拼箱货不能接受货主提出的有关选港或变更目的港的要求,所以,在拼箱货海运运费中没有选港附加费和变更目的港附加费。

(4) 拼箱货最低运费按每份提单收取,或计费时不足 1 吨或 1 立方米时,按 1 运费吨收费。在拼箱运输下,一个集装箱中一般装有多票货物。为保证承运人的利益,各船公司每票(提单)货物规定最低运费吨。

(5) 对符合运价本中有关成组货物的规定和要求并按拼箱货托运的成组货物,一般给予运价优惠,计费时应扣除托盘本身的重量或尺码。

(二) 整箱货运费计算

对于整箱托运的集装箱货物运费的计收：一种方法是同拼箱货一样，按实际运费吨计费。另一种方法，也是目前采用较为普遍的方法是，根据集装箱的类型按箱计收运费。

1. 包箱费率的分类

(1) FAK 包箱费率(Freight for All Kinds, FAK)

这种包箱费率是对每一集装箱不细分箱内货物的货类级别，不计货量（当然是在重量限额以内），只按箱型统一规定的费率计费，也称为均一包箱费率。它的基本原则是集装箱内装运什么货物与应收的运费无关。换句话说，实际上是承运人将预计的总成本分摊到每个所要运送的集装箱上所得出的基本的平均费率。这种费率在激烈竞争形势下，受运输市场供求关系变化影响较大，变动也较为频繁。一般适用于短程特定航线的运输和以 CY-CY、CFS-CY 方式交接的货物运输。

(2) FCS 包箱费率(Freight for Class, FCS)

这种费率是按不同货物种类和等级制定的包箱费率。在这种费率下，一般将货物分为普通货物、非危险化学品、半危险货物、危险货物和冷藏货物等几大类，其中普通货物与件杂货一样为 1～20 级，各公司运价本中按货物种类、级别和箱型规定包箱费率。使用这种费率计算运费时，先要根据货名查到等级，然后按货物大类等级、交接方式和集装箱尺度查表，即可得到每只集装箱相应的运费。中远货运运价本中，在中国—澳大利亚和中国—新西兰航线上采用这种费率形式。

(3) FCB 包箱费率(Freight for Class and Basis, FCB)

FCB 包箱费率是指按不同货物的类别、等级及计算标准制定的包箱费率。在这种费率下，即使是装有同种货物的整箱货，当用重量吨或体积吨为计算单位（或标准）时，其包箱费率也是不同的。使用这种费率计算运费时，首先不仅要查清货物的类别等级，还要查明货物应按体积还是重量作为计算单位，然后按等级、计算标准及交接方式、集装箱类别查到每只集装箱的运费。中远货运运价本中在中国—卡拉奇等航线上采用这种费率形式。

2. 整箱货运费计算举例

小张收到客户传真过来的托书一份，称有批货物以整箱货的方式运往荷兰，货物重量为 22 吨，用 100 个圆桶分装，每个桶直径为 0.54 米，桶高 1 米。查询欧地线运价（如表 2-8 所示），请帮助计算运费。

表 2-8 中远货运欧地线运价

航线	代码	码头	船期	基本港	运价美元(USD)
欧基港	NE1	洋山	周一	ROT/HAM/FEL/ANT	1200/2300/2400
	NE4	洋山	周四	HAM/ROT/LEH	1200/2300/2400
地西	MD-1	洋山	周一	GENOVA/NAPLES/LIVORNO/FOS	1150/2200/2300
	MD-2	洋山	周四	GENOVA/LA SPEZIA/BARCELONA/VALENCIA	1150/2200/2300

以上运价不含：
BAF：USD500/TEU，欧地同步；SUZ：USD9/TEU，欧地同步；AGS：USD40/TEU，欧地同步
HCS 费用注释：
西北欧：对于 18 吨至 23 吨/20GP 以上（含 18 吨）的货物将征收 HCS(USD0/20GP)，23TON/20GP 以上，征收 HCS(USD50/20GP)，对于 20TON/20GP 以上的货物由中远货运确认运价和舱位。

解：

总体积 $= n\pi r^2 h = 100 \times 3.14 \times (0.27m)^2 \times 1m = 22.89m^3$；总重量：22 吨

所以，需要一个 20 英尺的集装箱

运往荷兰，则选择鹿特丹港，即 NE1 线

运费 = 基本费 + 附加费 = 1200 + 500 + 9 + 40 + 20 = 1769（美元）

四、特殊货物运费计算

（一）特种箱

特种箱通常指高箱、开顶箱、平板箱、框架箱等有别于普通干货箱的箱型。这类集装箱由于其装卸及处理上的特殊原因，一般在普通 CY/CY 条款基础上加收一定百分比的运费，如 40ft 高箱比普通箱高 1ft，所以费率通常为普通箱的 110%；开顶箱、平板箱、框架箱 CY/CY 运价为普通箱运价的 130%（船公司可根据实际情况确定合适的比例）。

（二）成组货物

班轮公司通常对符合运价本中有关规定与要求，并按拼箱货托运的成组货物，在运费上给予一定的优惠，在计算运费时，应扣除货板本身的重量或体积，但这种扣除不能超过成组货物（货物加货板）重量或体积的 10%，超出部分仍按货板上货物所适用的费率计收运费。但是，对于整箱托运的成组货物，则不能享受优惠运价，并且，整箱货的货板在计算运费时一般不扣除其重量或体积。

（三）家具和行李

对装载在集装箱内的家具或行李，除组装成箱子再装入集装箱外，应按集装箱内容积的 100% 计收运费及其他有关费用。该规定一般适用于搬家的物件。

（四）服装

当服装以挂载方式装载在集装箱内进行运输时，承运人通常仅接受整箱货"堆场—堆场"交接方式，并由货主提供必要的服装装箱物料如衣架等。运费按集装箱内容积的 85% 计算。如果箱内除挂载的服装外，还装有其他货物时，服装仍按箱容的 85% 计收运费，其他货物则按实际体积计收运费。但当两者的总计费体积超过箱容的 100% 时，其超出部分免收运费。在这种情况下，货主应提供经承运人同意的公证机构出具的货物计量证书。

（五）回运货物

回运货物是指在卸货港或交货地卸货后的一定时间以后由原承运人运回原装货港或发货地的货物。对于这种回运货物，承运人一般给予一定的运费优惠，比如，当货物在卸货港或交货地卸货后六个月由原承运人运回原装货港或发货地，对整箱货（原箱）的回程运费按原运费的 85% 计收，拼箱货则按原运费的 90% 计收回程运费。但货物在卸货港或交货地滞留期间发生的一切费用均由申请方负担。

延伸阅读

在运价本中,通常出现的多为附加费的英文缩写,常用的海运附加费代码如表2-9所示。

表2-9 海运附加费代码一览表

缩写	全称	中文
AMS	American/Automatic Manifest System	美国(自动)舱单录入费
BAF	Bunker Adjustment Factor	燃油附加费
CAF	Currency Adjustment Factor	货币贬值附加费
DDC	Destination Delivery Charge	目的港码头费
EBA	Emergency Bunker Additional	紧急燃油附加费(非、中南美)
EBS	Emergency Bunker Surcharge	紧急燃油附加费(澳新)
FAF	Fuel Adjustment Factor	燃料附加费(日)
GRI	General Rate Increase	综合费率上涨附加费
IFA	Interim Fuel Additional	临时燃油附加费
ORC	Original Receiving Charge	本地收货费用
PCS	Panama Canal Surcharge	巴拿马运河附加费
PSS	Peak Season Surcharge	旺季附加费
PCS	Port Congestion Surcharge	港口拥挤附加费
SCS	Suez Canal Surcharge	苏伊士运河附加费
TAR	Temporary Additional Risk	临时风险附加费
THC	Terminal Handling Charge	码头操作费
WRS	War Risk Surcharge	战争险附加费
YAS	Yard Surcharge	码头附加费

项目小结

一、学习重点

1. 学习根据装运港、目的港信息选择合理的航线和合适的承运人
2. 学习根据货物性质和特点,选择合适的集装箱
3. 学习集装箱配载的方法
4. 学习看懂船期表相应信息,选择合适的航次
5. 学习根据运价本信息,计算集装箱运输的运费

二、水平测试

瑞科国际货运有限公司业务员小李,今天接到客户来电,询问:一批人造纤维从上海港运往温哥华,该批货物体积20立方米,毛重17.4吨。请通过锦程物流网查询,完成表2-10的填写:

表 2-10 货运信息汇总表

装运港	
目的港	
航线	
航次（列举其中的 5 个）	
承运人（列举其中的 5 个）	
适合的集装箱箱型	
运费最经济的航次选择	
该航次的运费	

三、知识测试

1. 《国际海运危险货物规则》中的第 1 大类危险货物是（　　）。
   A. 放射性物质　　　　　　　B. 易燃液体
   C. 爆炸品　　　　　　　　　D. 腐蚀性物质

2. 国际海上集装箱班轮运输实践中可能使用"货主箱"（SOC），该类箱在海上运输过程中灭失或者损坏时，可以认为它是一种（　　）。
   A. 货物的包装　　　　　　　B. 运输设备
   C. 运输工具　　　　　　　　D. 货物

3. 国际海运集装箱按用途不同可以分成不同类型的集装箱，其中"RF"代表（　　）。
   A. 干货箱　　　　　　　　　B. 冷藏集装箱
   C. 框架集装箱　　　　　　　D. 开顶集装箱

4. 查尔斯顿港（CHARLESTON, SC, USA）是国际集装箱货物运输挂靠的港口之一，该港口位于（　　）航线上。
   A. 远东—北美西海岸航线　　B. 澳、新航线
   C. 远东—北美东海岸航线　　D. 欧地线

5. 在国际海上货物运输中，若按照货物重量或体积或价值三者中较高的一种计收海运运费，航船公司运价表内以（　　）表示。
   A. W/M　　　　　　　　　　B. W/M plus Ad Val
   C. W/M or Ad Val　　　　　D. Ad Val

6. 下列（　　）类集装箱交接方式属于 FCL/LCL？
   A. Door/CFS　　　　　　　B. Door/CY
   C. CFS/CFS　　　　　　　　D. CFS/CY

7. 案例分析

我国 A 贸易公司委托同一城市的 B 货运代理公司办理一批从我国 C 港运至韩国 D 港的危险品货物。A 贸易公司向 B 货运代理公司提供了正确的货物名称和危险品货物的性质，B 货运代理公司签发 HOUSE B/L 给 A 公司。随后，B 货运代理公司以托运人的身份向船公司办理该批货物的订舱和出运手续。为了节省运费，同时因为 B 货运代理公司已投保责任险。因此 B 货运代理公司向船公司谎报货物的名称，亦未告知船公司该批货物为危险品货物。船

公司按通常货物处理并装载于船舱内,结果在海上运输中,因为货物的危险性质导致火灾,造成船舶受损,该批货物全部灭失并给其他货主造成巨大损失。请根据我国有关法律规定回答下列问题:

(1) A 贸易公司、B 货运代理公司、船公司在这次事故中的责任如何?

(2) 承运人是否应对其他货主的损失承担赔偿责任?为什么?

(3) 责任保险人是否承担责任?为什么?

项目三
海运货代合同的磋商与签订

国际货代合同的签订是整个货运代理业务的根本和基础,签订合同相当于建设一座高层建筑的整体设计,设计是否合理、科学将决定工程的最终效果。交易磋商是合同的依据,合同是交易磋商的结果,交易磋商工作的好坏直接关系到交易能否达成。因此,在磋商中既要明确双方基本的合同义务,也应明确对履行合同时可能发生纠纷和问题的预防措施与处理办法,以防患于未然。

在这一阶段的学习中,我们将学习货代业务员如何揽货和如何向船公司询价,以及如何根据客户需求设计运输方案,并最终通过磋商签订国际货代合同。

模块一　货代客户开发

能力目标:能够利用网络等工具挖掘潜在客户
知识目标:了解货代开发客户的主要渠道

任务训练

客户开发渠道调研

工作情境:师傅告诉小张,客户资源是货代公司竞争的焦点。如何挖掘有效的客户信息,并针对其需求设计服务方案对于货代来说是至关重要的。请帮助小张了解货代员开发客户的几种主要方法,并进行比较。

成果检验:
开发客户的主要方法有:_____
你认为最有效的方法是:_____

知识链接

货代从船公司采购服务后,业务员要集中精力把这些服务销售出去,从而赚取差价,获得利润。在竞争日益激烈的货代行业,客户资源是各货代公司争夺的焦点。

一、货代客户开发的渠道

（一）直接开发

直接开发的主要方式有：电话、网络、展会、登门拜访等，其特点是受众多，但成功率低、下单时间长。刚进货代公司的实习生还经常安排去"扫楼"，通常会被安排到外贸公司比较多的商务楼，一层层往下扫，分发公司货运广告和名片这类的资料。这需要勇气和耐心，扫楼是有讲究的，有的写字楼不准随便扫，在扫楼之前尽量先联系到公司的人员，这样成功率也比较高。

（二）间接开发

间接开发的主要方式有：客户介绍、朋友介绍等，其特点是成功率高，容易成交，但受众少。目前，还有种比较常用的方式就是网上找客户。采用这种方式时，最重要的是变被动为主动，被动的话就找如阿里巴巴等外贸 B2B 网站，主动的话就上如全球海运网发布优势价格，还有可以在与货代相关的海运物流论坛混脸熟，热心答复外贸人员的疑问，这样你会发现有客人主动找你报价了。比如：海运运费网、webcargo.com.cn 都是不错的选择。

客户是推销之本。要挑出可能接受或需要服务的准客户，从这群准客户之中，再选择推销效率最佳的准客户，然后对这群推销效率最佳的准客户展开销售活动。

二、货代客户开发的技巧

（一）真诚和热情

虽然竞争激烈，许多进出口公司或者外贸业务员都有自己合作的伙伴，介入的可能性小，但大家还是要热情、认真地追踪。这里的追踪是要保持不断的联系，和不断的交流，不用刻意追求什么订单，而是先交朋友。当客户成为你的朋友时，就会安排货物由你负责。因为信任和稳定比服务费更重要。

（二）争取优惠运价

货代公司能否从船公司争取到优惠的运价对于客户开发也很重要。许多货代和船公司的业务员都是朋友，就是靠朋友拿一些价格低的运价来接业务。货代要建立自己的优势航线，建立自己在所在地区的优惠价格是迈向成功的一个基石。建立小范围垄断，垄断就是优势，获得了别人没有的优势，那么就有了成功的可能。

（三）持之以恒地关心顾客

有些货代送了一趟名片，然后就消失了，这样不可取，如果想获得一个客户，需要不断地与客户或潜在客户保持联系，建立客户群，在客户群里冒冒泡，多去客户QQ空间走走，建立你的服务优势。每个月或每两个月打个电话。对大客户要定期沟通，即使没有合同，但相互交流也有助于今后的合作。

(四) 突出服务优势

1. 与海关的合作关系

中国加入WTO以后,许多公司、工厂都获得了进出口经营权从事自营工作,但业务人员没有很好的综合水平,因此,报关、通关都需要货代的帮助。你有良好的海关关系可能比运费高低更重要。

2. 与船公司的良好关系

有些船公司可以免除洗箱费和修箱费。这有利于进出口公司降低费用,从而产生良好的印象。

3. 较强的单正业务能力

要能帮助客户解释单据,甚至帮助客户做单据,这是一个基础知识能力。在实践中,并不是所有的外贸人员都了解货运单证的,这时你就是他们的老师,要给他们解释需要什么单据。

(五) 多向前辈取经

多跟有经验的前辈学习,让他经常带你出去跑客户,看看他是怎么谈的客户的,每个客户所走的产品和国家是不同的,海关的要求也是不同的,涉及退税、商检等问题。这些都是要在实践中积累的。

模块二 货代揽货

能力目标:能够模拟货代揽货操作
知识目标:掌握揽货的方法和技巧

任务训练

货代揽货模拟

工作情境:小张通过前期客户开发认识了正兴进出口有限公司的单证员小李。小张了解到正兴公司在2013年5月底有批女式针织衫,共 $2\times20'$ GP 到荷兰的鹿特丹。通过前期电话沟通,小李的意向价为 5200 元/$20'$ GP,同时要求从上海港到鹿特丹的航行时间不超过 28 天。今天,小张前往正兴公司拜访单证员小李。

实施步骤:将学生两人为一组,分为若干小组,进行角色扮演。小组练习15分钟后,随机邀请其中的三组同学上台表演。

成果检验:

台下的个组分别从:揽货前的专业性、技巧性、商务礼仪三方面对三个小组进行评分,填写表3-1,给出改进方案。

表 3-1 揽货业务综合测评表

揽货的专业性(40分)	揽货的技巧性(40分)	商务礼仪(20分)	总评成绩
改进建议：			

知识链接

货代完成客户的开发环节后，接下来要做的就是向外贸公司揽货。揽货，顾名思义，就是招揽货源的意思，是货代通过一定的营销手段争取对货物的承运权。货代向船公司订舱的价格与销售给外贸公司的舱位价格之间的差价，形成货代公司的主要利润。

一、揽货的定义

揽货是指货代通过一定的营销手段争取对货物的承运权，在行内又称为"销售"。揽货有广义和狭义之分，狭义的揽货是指货代公司的业务员到货主单位进行业务联系，承接出口货物运输工作；广义的揽货是指货代公司所做的各种宣传，包括广告宣传、传达船期表、电话咨询、网站发布、信息咨询等。揽货业务是货代公司重要的业务环节。

二、揽货的业务流程

揽货的业务流程大致可以分为以下几个步骤：

（一）调查客户信息

准备接近客户，对准客户或是已有往来的顾客，我们需要调查了解以下方面：

对企业的调查了解：资信状况、营业状况；在同行业中的地位，以及经营者的实际情形；主要往来客户及销售地区；从业员的状况及资本背景。

对实际负责人的调查了解：人品，在企业中的地位，学历经验与服务年资，兴趣及俱乐部活动的情况，年龄、家庭构成、教育程度家庭环境，朋友关系，饮酒、抽烟等嗜好，收入程度。

（二）拟订访问计划

作为业务员要经常访问客户，接近客户，否则就不可能达到推销的目标。具体计划如下：① 确定访问对象；② 拟定访谈内容要点；③ 从已有的资料中，研究该访问对象有无推销员去访问过，因何理由被拒绝。

（三）电话拜访

打电话是为了安排一次约会，而不是完成这次交易。不要在电话中讲得太多，应该保留一些关键问题，在有机会与客户会面时进行充分销售描述时再谈。在电话中，尽量遵循以下步骤：

1. 咨询关键人。
2. 了解该公司进出口相关情况：主要港口、是否有指定货代、柜量柜型、固定合作的船公司和货代、所走运价（PP/CC）、人民币费用、出口品名、付款方式（月结、票结）。
3. 合理报价：报价须慎重，事先要有准备（市场价、底价、报价、佣金），第一次报价要留有余地，可以是试探性的，为面谈做好铺垫。
4. 完成预约：初步了解后，应试探性的预约对方，如允许需马上确定时间，必须准时赴约，如允许但没有确定时间，就应保持联系尽快拜访。

（四）达成上门拜访

有些客户对货代的上门拜访并不反感，而且还能够表示欢迎，热情招待推销员的到来；但也有一些客户，由于工作繁忙，害怕受外界打扰，他们对货代活动深感厌烦，甚至拒货代于门外，使没有经验的货代接近不得，未曾交手便很快败下阵来。因此，为了成功地接近客户，就必须事先预约。在拜访时，要注意以下几个方面：

1. 制造气氛：良好的谈话氛围是面谈取得效果的关键。要善于把握谈话的气氛，适时调整自己。与客户面谈时应注意：得体的称呼、穿着、礼貌的举止、交谈距离等。
2. 善于倾听：这是得到客户信息的重要途径，听是一门艺术，谁愿意"对牛弹琴"呢，听的同时也要注意与对方交流，如你的表情、姿势、适当的回应等。
3. 把握关键点：通过交谈应知道客户最需要的是什么。在货代业务中，客户不一定首先考虑运价，有些客户看重航运的时间，特别是在交货期临近的情况下。还有些客户更看中服务的质量以及一些附加的服务，如报关、报检、仓储、制单等。
4. 情感激发：可以先在情感上稳住客户，继而使顾客在情感上对拜访者感兴趣，然后再进行推销活动。投其所好，晓之以理；先做朋友，后做生意。

三、揽货业务中需注意的问题

影响揽货效果的因素是多方面的，但其中最重要的一个因素就是与客户的商务沟通是否有效。能否完成一次有益的客户拜访，能否开发有价值的客户，能否为一条航线揽取货源取决于是否与客户做了融洽、有效的沟通。沟通，贯穿着整个揽货过程。

揽货前要做好被拒绝的心理准备。推销是从被拒绝开始的，被拒绝了之后才能找出最恰当的突破方式。客户在不明白来访者是何方神圣的时候，口气不太友善，是情有可原的。经验丰富的货代都明白，第一次拜访时被拒绝并不是件值得大惊小怪的事。从拒绝中，货代员可以总结出客户的需求，了解客户的真实想法，为接下来的拜访积累经验。

面对拒绝时，货代要尽量创造有利的形势。整个拜访过程要营造一种平静的气氛，培养一种肯定性的气氛，把对方笼罩起来，以减少反对与拒绝。在反对与拒绝发生后，分析其动机，灵活应对。

模块三　货代业务磋商

能力目标：能够向船公司询价，并向货主报价
知识目标：掌握询价、磋商、报价的方法和技巧

任务训练

货代报价核算

工作情境：第二天，小张接到正兴进出口有限公司单证员小李的电话，小李让小张对 2×20′GP 到鹿特丹的箱子进行报价，航期不得超高 28 天。公司对该航线货物的利润要求为 USD 50/20′GP 请帮助小张给出合理报价。

实施步骤：
1. 查询欧洲、地中海航线的船公司有哪些？其中该航线是其优势航线的又有哪些？
2. 向船公司询价，并保留询价记录；
3. 进行费用核算，并报价。

成果检验：
1. 请列举五个船公司：_____
2. 欧地线为该船公司优势航线的有：_____
3. 借助互联网完成船公司询价环节，保留向船公司询价的电子记录（保留 2 个典型的询价记录截屏）。
   记录 1：_____
   记录 2：_____
4. 核算后，小张向正兴进出口有限公司小李报价_____

知识链接

业务磋商环节直接关系到货运代理业务是否成功以及该笔业务的利润。在磋商过程中，要注意方法和技巧。

一、向船公司询价

在询价过程中，一代货代和二代货代是有所区别的。二代货代可以通过一代货代了解运价；一代货代可以直接向船公司询价，若并未和该船公司建立合作关系，那么也可以找该船公司的一代报价。

我们以一代货代询价为例进行讲解：

业务背景：辉煌货代公司业务员小明接到客户 A 的意向订单，A 公司要求在下月中旬从上海出运一批磷酸到韩国釜山。货物信息如下：磷酸，危险品 10×20′GP，货物毛重 23 吨/20′GP。A 公司的意向价为 USD 500/20′GP，要求航行时间不得超过一周。公司对东南亚航线的利润要求为 USD50/20′GP。

（一）了解船东资源

小明了解到，目前和公司有合作的东南亚船东资源中，提供上海到釜山海运业务且该航线为其优势航线的船公司有：

1. 中海集运(CSCL)，通过网站查询到其到釜山的有三条线(CIX/EUM/KTX4)，此三条航线均满足航行时间不得超过一周的要求。

2. 万海航运股份有限公司(WHL)，通过网站了解到航运需要 12 天的时间。由于大大超出了 7 天的规定，不予以考虑。

（二）向船公司询价

小明向 CSCL 船公司发盘，获取报价信息如下：

1. CIX/ KTX4 航线报价：

基本运费：USD 300/20′GP

附加费：BAF＋THC＋DOC

危险品附加费：USD 50/20′GP

超重附加费：22 吨/20′GP，超出需加收 USD 30/20′GP

航期：9 天

2. EUM 航线报价：

基本运费：USD 350/20′GP

附加费：BAF＋THC＋DOC

危险品附加费：USD 50/20′GP

超重附加费：22 吨/20′GP，超出需加收 USD 30/20′GP

航期：6 天

二、进行费用核算

小明向 CSCL 公司进一步询问相关费用，得知：附加费 BAF 为 USD30/20′GP，THC 为 RMB 370/20′GP，DOC 为 RMB200/BL，另外：订舱费：RMB220/20′，拖车等其他费用 RMB 350/20′GP。当前汇率 1：6.47。

1. CIX/KTX4 航线

费用合计：300＋30＋(370＋200)/6.47＋50＋30＋(220＋350)/6.47＝USD 577/20′GP

2. EUM 航线

费用合计：350＋30＋(370＋200)/6.47＋50＋30＋(220＋350)/6.47＝USD 627/20′GP

三、向货主报价

考虑公司对东南亚航线的利润要求为 USD50/20′GP，小明向 A 客户进行了如下报价：

方案一：CSCL 船公司 CIX/KTX4 航线 USD 630/20′GP（All In 价），航期 9 天

方案二：EUM 航线 USD 680/20′GP（All In 价），航期 6 天

四、业务磋商

（一）与货主的磋商

小明向货主 A 报价后，货主希望小明能在 CSCL 的两套方案上再做努力，争取更优惠的价格。货主表示，除非 CIX/KTX4 航线能有一定幅度的让步，将不考虑 9 天航期的方案。

（二）与船公司的磋商

小明了解了货主 A 的想法后，与船公司进行了进一步的议价：

向 CSCL 告知：10×20′GP 的货量，希望公司在价格上给予实质性优惠。磷酸属于 8 类危险品，在航运过程中发生安全事故的可能性比较小，希望对危险品附加费费用适当降低。并且，货物毛重 23 吨，超重幅度不大，希望能免除超重附加费。

CSCL 船公司对辉煌货代公司的货表现出极大的兴趣，鉴于与辉煌长期、愉快的合作关系，表示愿意给予一定的优惠，报价如下：

1. CIX/KTX4 航线报价：

基本运费：USD 300/20′GP

附加费：BAF+THC+DOC

危险品附加费：减至 USD 20/20′GP

超重附加费：免收

2. EUM 航线报价：

基本运费：USD 350/20′GP

附加费：BAF+THC+DOC

危险品附加费：减至 USD 30/20′GP

超重附加费：免收

（三）向货主再次报价

由于 CSCL 船公司的新报价能够满足客户的运价要求，小明提高利润到 USD 55/20′GP。小明向 A 货主报价如下：

方案一：CSCL 船公司 CIX/KTX4 航线 USD 605/20′GP（All In 价），航期 9 天

方案二：EUM 航线 USD 665/20′GP（All In 价），航期 6 天

五、达成合作意向

货主 A 综合考虑价格、船期等因素，CIX/ KTX4 航线虽然价格优惠,但此票货物交期比较紧,考虑再三,选择 EUM 航线 USD 665/20′GP（All In 价）,航期 6 天。货主 A 与小明达成合作意向。

货代向船公司询价的技巧

一、货代向船公司询价记录两则

（一）询价记录一

货代：在吗？请问下到×××港的价格是多少？

船公司：在的,请问是什么柜子啊？

货代：小柜。

船公司：几个？

货代：一个。

船公司：什么品名？

货代：×××。

……以下省略若干问题及回答

（二）询价记录二

货代：您好,我有×个柜子大约毛重××,体积××的普货,要在×月×日左右出,××港到××港,请给我报个价好吗？

船公司：好的,请稍等。

货主：好的。

……

货代：您好,您要的价格有了,USD×××（All In）,×××船公司,船期××,航程××天,直达出货前请确认价格,实单可申请。

货主：好的,谢谢。

（三）询价记录比较

询价记录二比记录一简短,节省的是时间。时间就是生命,原来一个询价的时间,现在可以询几个。而且询价的水平,也体现了货代业务员的专业素质,所以询价技术不容小觑。

二、货代询价的技巧

第一,某一航线可能有几家船公司经营,在选择合适船期的船公司后,要注意为你提供货运服务的货代企业是否与这家船公司签有协议运价,如有你便可以享受到比较低的运价；

第二,如果你有较稳定的长期货量,可以直接与船公司签订一个协议运价,由船公司指定它的代理为你提供货运服务；

第三,PSS、GRI 这两部分费用,可以通过与船公司或货代的协商,达成一定程度的减免。

模块四 签订国际货代合同

能力目标：能够正确填写出口托运单
知识目标：掌握国际货代合同的填写方法

任务训练

出口托运单审核

工作情境：经过几天的业务磋商后，正兴公司小李接受了捷达公司小张的运输方案：CSCL 船公司 USD800/20′GP(All In 价)，装船日不迟于 5 月 25 日，截关日 5 月 19 日，运费预付，航期 28 天，并传真来了托运单（如表 3-2 所示）。请帮助小张审核信息是否正确。

补充资料：货物品名：knitted sweater（针织衫）   毛重：40kg/ctn
唛头：MANDARS   净重：38kg/ctn
TXT200710   尺码：60cm×30cm×50cm/ctn
ROTTERDAM   总共：620ctns
C/NO.：1—620

成果检验：请根据货物信息，审核托运单填制是否正确，并进行修改。

表 3-2 出口托运单

托运人 Shipper	ZHENGXING IMP&EXP. CO.,LTD.				
装运港 To	Shanghai		目的港 For	Rotterdam	
标志及号码 Marks & Nos. N/M	数量 Quantity 2×20′GP	货名 Description of Goods knitted sweater	重量 Weight Kilos		
			净 Net 38kg	毛 Gross 40kg	
共计件数（大写）SAY SIX HUNDRED AND TWENTY CARTONS ONLY			运费付款方式 FREIGHT PREPAID		
运费计算		尺码 Measurement	60cm×30cm×50cm		
抬头	RAINBOW IMP&EXP. CO.,LTD.	可否转船	NOT ALLOWED	可否分批	NOT ALLOWED
通知	SAME AS CONSIGNEE	装期	MAY.25,2011	效期	提单张数 THREE
				制单日期 2013 年 5 月 9 日	

托书中需要修改的地方有：
___
___
___
___

 知识链接

经过交易磋商，一方的发盘或者还盘被对方有效接受后，就算达成了交易，双方之间就建立了合同关系。国际货代合同一般不采用正式文本的形式，而是多采用办理运输委托书、托运单等形式表现。在合同中，明确货代、货主和船公司的责任范围，对于明晰货代在合同中的法律关系非常重要。

一、国际货代合同使用的法律及法规

在起草、拟定国际货代合同时，要注意参考以下法律法规，以保障各方的利益。

法律：《中华人民共和国合同法》、《中华人民共和国民法通则》、《中华人民共和国海商法》等。

货运代理业务中涉及的我国其他法律法规有：

1996年3月1日起施行的《中华人民共和国民用航空法》。

1987年3月1日起施行的我国《公路货物运输合同实施细则》。

1987年7月1日起施行的我国《铁路货物运输合同实施细则》。

1987年7月1日起施行的我国《水路货物运输合同实施细则》。

1986年1月1日起施行的我国《仓库保管合同实施细则》。

二、国际货代合同的表现形式

（一）国际货运代理协议

国际货运代理协议中应明确规定国际货代企业的代理事务以及独立经营事务内容，并对货代企业承担的法律责任进行明确的规定。

国际货代合同协议样本：

国际货运代理协议书

协议编号：_____

甲方：_____（以下简称甲方）

乙方：_____（以下简称乙方）

一、合作内容及双方权利和责任

1. 乙方负责提供货源，甲方负责承办乙方所委托之货物的定舱、报关、报验、托运、仓储、签单及文件交接等工作。

2. 乙方委托甲方定舱时，应及时传真或送交正确之托运单，托运单应标明乙方定舱单位名称、电话、传真及联系人。托运单应注明国际货物运输所需之详细内容及乙方的特别要求条款;乙方要求甲方向第三方收款时,托运单须注明承付人及金额;若第三方拒付,甲方有权向己方收取。

3. 乙方委托甲方出运之货物,不得瞒报、夹带危险品,禁运物品,否则因此而造成的风险和后果由乙方自负。

4. 乙方订舱内容要求更改或取消时,必须在货物进港前以书面通知甲方,并与甲方操作人员电话确认以免引起提单签发困难或海关退单困难。若货物已进港或船已离港后乙方要求更改,则由此产生责任及费用由乙方承担。

5. 乙方委托甲方报关时,应依货物或贸易性质要求备齐海关规定所需之合法、合格文件,并于海关截关日前一天之前交与甲方,甲方对上述文件签收后有保管责任,不得遗失,海关退回后应当日或隔日退还乙方。

6. 货物出运后,乙方要求退运,更改目的港,更改中转港或更改运输条款得经双方书面确认有关费用,甲方有责任配合乙方,期间所产生之额外经济损失由乙方自行承担。

7. 在海运过程中产生的货物损坏、灭失,由甲方协助乙方向保险公司、承运人索赔。

8. 由于船公司的原因导致到港时间延迟,乙方不得以此作为理由向甲方强行扣减或扣押运费。

二、运费与结算

1. 海运费用:指整柜、拼箱进出口运输费用。以收到乙方托书时确认的价格为准.如果未在托书中注明,则按照甲方所提供的费用确认单支付。甲方开出以美金币值计价的海运费发票,以美金现汇结算,若乙方要求折成人民币结算,当以我司支付给船公司时的汇率标准为准。

2. 人民币费用:指海运进出口的包干费用和空运费用。包括订舱费、单证费、安保费、THC、报关报检费、拖卡费、内装箱费、文件费、电放费等等,以实际托书确认价格为准。

3. 结算方式:乙方同意在每月 10 日前将上月发生之运费及相关费用支付给甲方。若逾期支付,甲方有权扣留属于乙方的任何单证,并且每天按所欠运费的千分之三收取滞纳金,直至乙方付清。甲方垫付乙方的当月运费金额最大为三万美金,超过此金额,需将前款结清。

三、其他事宜

1. 甲、乙双方之间往来传真或复印件,应等同于正本,具有同等法律效力。

2. 甲方代寄提单给乙方在国外的公司,快件公司的留底面单具有法律效力,等同于乙方已签收提单。

3. 乙方应提供给甲方企业法人营业执照复印件(盖公章)或个体货主身份证复印件(本人签字),以供甲方备案。

4. 本协议一式二份,双方各执一份,自签字之日起有效期为一年。若乙方逾期付款,甲方有权终止本协议。在本协议超过有效期后还未签订新的协议期间,原协议双方仍应承担本协议终止前规定的双方应履行的一切责任与义务。

四、法律仲裁

1. 本协议所有规定适用于中华人民共和国法律。

2. 本合同项下发生的任何纠纷或争议,应提交宁波海事法院审理。

甲方公章: 乙方公章:
代表签字: 代表签字:

（二）托运单

托运单（Booking Note，B/N）俗称下货纸，是托运人根据贸易合同和信用证条款内容填制的，向承运人或其代理办理货物托运的单证。托运单是运货人和托运人之间对托运货物的合约，其记载有关托运人与送货人相互间的权利义务。在货运代理业务中，通常货主下达托运单，也被视为国际货运代理合同的一种表现形式。如表3-3所示为托运单样本。

表3-3 托运单样本

Shipper（托运人）： HUZHOU ZHENCHANG TRADING CO.，LTD. 42 HONGQI ROAD, HUZHOU, CHINA				
Consignee（收货人）： TO SHIPPER'S ORDER				
Notify party（通知人）： MAIJER FISTRTION INC. 3214, WALKER, NAKAGYO-KU, KYUNG-BUK, KOREA				
信用证号码：M51145160747856		合同号码：ZC090210		
起运港：SHANGHAI		目的港：BUSAN PORT, KOREA		
装运时间：APR.4, 2010		运输方式：BY SEA		
箱型数量：1×20′		运费：FREIGHT PREPAID		
唛头	品名	件数	毛重 kg	体积 m³
MAIJER ZC090210 BUSAN C/NO.1-420	LADIES' 96% POLYESTER 4% ELASTANE WOVEN GARMENTS DRESS	420CARTONS	6090kg	26.25m³
装箱时间地点联系方式 装箱地址： 湖州正昌贸易有限公司 湖州市红旗路42号 装箱时间： 4月4日		操作：张洁 电话：0572-2365125 传真：0572-2365423		

外贸公司出具的出口托运单，内容一般如下：

(1) 托运人（Shipper）

托运人也称为发货人，一般填写出口公司的名称和地址、联系电话或传真号。

(2) 收货人（Consignee）

按合同或信用证中对提单收货人的规定来写。

在信用证支付条件下，对收货人的规定通常有以下两种表示方法：

① 记名收货人：直接写明收货人名称，一般是合同的买方。

② 指示性收货人：在收货人栏内有指示（Order）字样的，一般分为记名指示（To Order of ×××）和不记名指示（To Order）两种。

(3) 通知人(Notify Party)

通知人也称为被通知人,填写信用证规定的提单通知人的名称和地址。被通知人的职责是及时接收船方发出的到货通知并将该通知转告真实的收货人,被通知人不具备提货的权利。

(4) 信用证号码(L/C No.)

填写相关交易的信用证号码。

(5) 合同号码(S/C No.)

填写相关交易的合同号码。

(6) 起运港(Port of Loading)

填写合同或信用证规定的起运地。如信用证未规定具体的起运港口,则填写实际装运港名称。

(7) 目的港(Port of Discharge)

填写合同或信用证规定的目的地。如信用证未规定目的港,则填写实际卸货港名称。

(8) 装运时间(Time of Shipment)

填写预计的装运时间,不能超过合同或信用证规定的最迟装运期限。

(9) 运费(Freight)

根据信用证提单条款的规定填写"FREIGHT PREPAID"(运费预付)或"FREIGHT COLLECT"运费到付。非信用证支付方式下,可根据成交的贸易术语确定运费预付或运费到付。

(10) 唛头(Marks)

按实际填写货物的运输标志。

(11) 品名(Name of Commodity)

可只填写货物的统称,但不可与合同或信用证的描述相矛盾。

(12) 件数(Packages)

填写货物总的包装数。

(13) 毛重(Gross Weight)

填写货物的总毛重。

(14) 尺码(Measurement)

填写货物的总体积。

三、签订合同时应注意的问题

签订合同时,一定要注意合同的性质,是代理合同还是运输合同。

在代理合同中,货代的法律地位是代理的角色。这时候如果有法律纠纷的话,货代要承担代理人的法律责任。

在运输合同中,货代的法律地位是承运人的角色。这时候如果有纠纷的话,货主就可以直接以货代为被告,要求其承担承运人的责任。

对货代的法律地位的界定一直是个难点,这就要求尽量在合同中明确双方的权利和义务,以免日后发生纠纷。

项 目 小 结

一、学习重点

1. 学习货代开发客户的渠道及各种方法的特点。
2. 学习货代揽货的方法及技巧。
3. 学习向船公司询价的方法,了解运价、船期及服务特点。
4. 学习与货主、船公司进行业务磋商,并促成交易。
5. 学习根据磋商确定的条件,拟定货代合同。

二、水平测试

瑞科国际货运有限公司业务员小李,拟拜访华源进出口有限公司单证员小王,争取揽下华源公司 2013 年 10 月底将运往韩国釜山 $2\times20'$GP 的货。请帮助小李完成以下工作:

1. 借助互联网完成船公司询价环节,获取航线、船期、运价等信息,保留向船公司询价的电子记录(保留向其中的两家船公司询价的截屏)。
2. 整合从船公司处获取的航线、船期、运价等信息,设计货运方案。
3. 根据运输方案,草拟与华源公司的货代合同。

三、知识测试

1. 国际货物买卖交易磋商中,关于发盘与接受的规定,下列(　　)是正确的。
   A. 发盘只能由卖方作出,接受只能由买方作出
   B. 发盘只能由买方作出,接受只能由卖方作出
   C. 发盘或接受既可以由卖方作出,也可以由买方作出
   D. 发盘必须在询盘后作出
2. 根据我国《海商法》的规定,承运人对国际海上集装箱货物运输的责任期间,是指(　　),货物处于承运人掌管下的全部期间。
   A. 从货物装上卡车时起至货物卸下卡车时止
   B. 从货物装上船时起至货物卸下船时止
   C. 从装货港接收货物时起至卸货港交付货物时止
   D. 从接受货物时起至交付货物时止
3. 按照我国法律的规定,明知委托事项违法,货运代理人为了自身利益仍然进行货运代理活动的,则(　　)。
   A. 被代理人不负被追偿责任
   B. 货运代理人不负被追偿责任
   C. 货运代理人不负连带责任
   D. 委托人和货运代理人都负连带责任

4. 货主提供给货运代理人的货运代理委托书的功能之一是（　　）。

A. 向承运人发出的订立运输合同的要约

B. 向货运代理人发出的要约邀请

C. 货运代理人的工作依据

D. 向货运代理进行广告宣传

5. 我国某货主委托货运代理人安排货物出口事宜，由于货主所提供的货物资料不清楚，造成货运代理人在办理货物出口申报时资料被退回，影响了货物的正常出运。为此造成货主的损失，应当由（　　）承担。

A. 货运代理人　　　　　　　　B. 报关行

C. 船公司　　　　　　　　　　D. 货主

6. 若某外贸公司传真过来货物托运书一份，运输一批人造纤维到土耳其，装运港上海。该票货物体积23立方米，毛重19.4吨，客户要求卸货港为土耳其的梅尔辛港（MERSIN），假设佣金率为3%，利润率要求20%，由货代代理报关。请代报含佣价给客户。

(1) 查询近期该航线的运价

(2) 估算订舱费、拖车、报关等相关费用

(3) 考虑利润，计算含佣价

7. 船公司协议条款阅读

SERVICE CONTRACT RULES

1. Change in Shipper

If any shipper undergoes a change in its corporate structure or, if it is a shippers' association, a change in membership, such shipper shall notify carrier and provide the documentary confirmation required by law.

2. Tender of Shipments

2.1 During the term of this contract, shipper will tender and ship with carrier the Minimum Volume Commitment and any Sub-minimum Volume Commitment(collectively, MVC) stated in Term 4, except to the extent the MVC is adjusted or excused under the terms of this contract (Net MVC).

2.2 Unless otherwise stated, shipper may select the vessels on which its cargo will be carried, but space is not guaranteed on any particular vessel or with any particular frequency, and specific equipment is not guaranteed at any particular location or time. To the full extent possible, shipper shall ship its cargo evenly during this contract.

2.3 Shipper, directly or through its agents and/or forwarders, shall request a booking from carrier at least fourteen (14) days but not less than seven (7) days before the shipment. carrier may waive such requirement for a shipment by accepting a booking with less notice.

2.4 Shipper shall nominate and maintain one (1) loading agent for each cargo origin and shall identify such agent in Term 9. If Shipper changes its loading agent, Shipper shall notify Carrier at least (7) days before the related vessel call.

3. Service Commitment

Carrier shall make available the vessel capacity and equipment to carry (a) the MVC required by this Contract and (b) at Carrier's option, any additional cargo tendered by Shipper. This commitment is subject to the schedules and service patterns of Carrier. Any customized service commitment shall be in Term 5.

4. Rating

4.1 The origin and destination shown on the bill of lading issued by Carrier conclusively determines whether cargo is within the geographic scope of this Contract, whether cargo may be counted toward the MVC, and the applicable rates and charges.

4.2 The date the full bill of lading quantity of cargo is received by Carrier determines whether a cargo movement is during the term of this Contract.

4.3 If an individual or mixed commodity tariff rate in the Rates and Rules Tariff is lower than the rate in this Contract, the lower rate will apply and the cargo will count toward the MVC. Any general rate increase published by Carrier in its Rates and Rules Tariff shall be applicable to the corresponding rates or rate in this Contract.

项目四
海运货代合同的履行

签订货运代理合同后,就进入了货代合同的履行环节。业务部与客户签订好货代协议后,就把相关的委托代理资料转给操作部。操作部是货代合同履行的实体部门,一方面要根据客户的委托要求完成装箱、拖车安排、报关、报检等操作;另一方面要与船公司积极配合,完成订舱、提单核对、货物跟踪等操作。

在这一阶段的学习中,我们将深入货代操作部,学习履行合同过程中所涉及的各个环节的操作。

模块一 出口订舱

能力目标: 能够正确填写订舱单

知识目标: 掌握订舱单的填写方法,熟悉订舱业务流程

任务训练

订舱单的填写

工作情境: 5月10日,小张被安排到捷达公司操作部实习。小张继续与CSCL船公司的工作人员保持联系。审核正兴进出口公司的托运单无误后,师傅让小张填写Booking Order,随同商业发票、装箱单向船公司订舱。请帮助小张完成订舱单(如表4-1所示)的填写。

表 4-1 中海集运订舱单

Shipper(发货人)			中海集装箱运输有限公司 China Shipping Container Co., Ltd. BOOKING ORDER	
Tel:		Fax:		
Consignee(收货人)			地址: Tel:	
Notify Party(通知人)				
Tel:		Fax:		
Pre-carriage by(前程运输)		Place of Receipt(收货地点)	Freight Approved by Marketing Dept(市场部确认运价)	
Vessel(船名)/Voy(航次)		Port of loading(装货港) FANGCHENG, CHINA	USD:	
Port of Discharging(卸货港)		Port of Delivery(交付地)	□FREIGHT PREPAID(预付)	□FREIGHT COLLECT(到付)
Mark & No. (标记与号码)	No.and Kind of Package & Description Goods (件数及包装种类与货名)		Gross Weight(kgs) 毛重(公斤)	Measurement(cbm) 尺码(立方米)
Total Cntrs Type/Size (总箱数/箱型)	□X20GP	□X40GP	□X40HQ	□其他
Service Type of Delivery(交付条款)	□CY-CY	□CY-DOOR	□DOOR-CY	□DOOR-DOOR □CY-FO
Add/Tel/Pic if require to Arrange Haulage (如需安排拖车,地址/电话/联系人)				
B/L Issued(签发提单)	□House B/L货代单	□Ocean B/L海运单		□Telex Release电放
托运条款: 1. 托运单将作为缮制提单的依据,请托运人按运输条款惯例及有关责任要求正确填写(请打印); 2. 因托运单填写错误或资料不全引起的货物不能及时出运,运错目的地,提错单不能结汇,不能提货等而产生的一切责任、风险、纠纷、费用等概由托运人承担; 3. 托运人必须认真准确填写预/到付付款方式以及各项费用明细,订舱一经确认,除非托运人特殊原因,否则将不再接受对费用的更改。			Refer Goods(冷藏货) Temperature Required	
			Dangerous Goods & IMDG Code/Class	
			签名/盖章	

知识链接

订舱是货物托运人或其代理人根据其具体需要,选定适当的船舶向承运人以口头或订舱函电进行预约舱位和申请运输,承运人对这种申请给予承诺的行为。

一、订舱的方式

目前,订舱的方式主要有预订舱位和确定舱位两种。

(一)预订舱位

一般预订舱位多用于货运旺季,在运输船舶到港这一段时间,提出的订舱。大多数的预订舱位采用口头订舱方式,危险品货物运输不适用这种订舱方式。

（二）确定订舱

确定订舱是委托人根据货代合同的要求及货物出运时间，选择合适的船公司和航线，在船期表规定的有效期前向承运人或其代理人以口头或者书面形式提出的订舱。一般需要提供以下信息：船名、接货地、装运港、卸货港、货名、数量、包装、交接方式、交货方式、集装箱箱型和箱数、装箱地点等。货代向船公司订舱一般在截单前几天，那时候船公司才安排放舱，但如碰上货运旺季，则可适当提早几天。

确定订舱又分为两种方式：

1. 在线订舱。这种方式提供给客户一个电子交易平台，把客户的询价与服务商的报价进行匹配，具有便捷、速度快的特点。目前，很多货代公司的企业站都可以在线报价，"金牌订舱"就很不错。

2. 离线订舱。主要通过电话、传真或者电子邮件等途径实现。

二、订舱的操作流程

（一）审核货主托运信息

操作部收到业务部转交的托运单后，要审核信息是否正确，如有问题，则需要进一步与客户确认。审核的主要信息有：货物品名、接货地、装运港、卸货港、货名、体积、重量、运费的支付方式。

（二）填写订舱单，向船公司订舱

订舱单（Booking Order），是货代员根据货主填写的托运信息向船公司订舱的单据。填写订舱单前，要备齐以下资料：

1. 预配船期
2. 箱型、箱量
3. 货名或货类
4. 重量、体积（拼箱的必须提供大约数）
5. 起运港、卸货港、目的港
6. 付费条款（需提供并列明是"freight prepaid"或者"freight collect"）
7. 运输条款以及特别注意事项的要求

货代操作部审核运费无误后，向船东或货代订舱。

（三）船公司放舱

船公司收到订舱单后进行确认，发放装货单。

装货单（Shipping Order，S/O）是接受了托运人提出装运申请的船公司，签发给托运人，凭以命令船长将承运的货物装船的单据。装货单既可用作装船依据，又是货主凭以向海关办理出口货物申报手续的主要单据之一，所以装货单又称"关单"，对托运人而言，装货单是办妥货物托运的证明。对船公司或其代理而言，装货单是通知船方接受装运该批货物的指示文件。装货单一经签订，运输合同即告成立，船货双方都应受到一定的约束。如发生退关情况，责任方应承担责任。

货代收到 S/O 后,将船东详细资料删掉,在 S/O 上注明客服、操作部联系人员的电话,传真以及 E-mail 地址,再将 S/O 传真给客户,以安排好接下来的报关等工作。

三、订舱操作应注意的问题

第一,接到市场部转来的委托资料及业务联系单后,操作部必须先审核业务单与客户委托书要求是否一致,资料是否齐全,订舱前务必仔细阅读客户的委托书,审核货物是否危险品,重量及尺码是否适用客户要求的柜型,特别注意客户的特殊要求(如船证、信用证、船期、启运港、免舱期或装载要求等)。如果是特殊货物应先向客户查询清楚货物的特性(如:超重货、食品、冷藏货、危险品等),致电船公司落实货物托运可否接受,如可行,则填写订舱委托书向船公司订舱,并要注明有关特别事项,如船公司不接受,则注明原因退回市场部。

第二,注意船公司是否接受货代单或做电放;所有业务单必须有市场部人员签字才有效,否则不给以订舱;对于急单,如果直接电告操作部订舱,须经市场部人员确认允许,并尽快补上业务单。

第三,在收到船公司的装货单后,应将装货单上所预订的船公司、柜型、柜量、目的地、船期等资料与客户的原始订舱单一一核对,在确认完全准确后方可进行后续操作,如发现装货单资料有误,则应马上以书面形式通知船公司更改并要求其提供新的装货单,直至完全正确为止;若向同行订舱,S/O 传给客户时注意抹掉同行的电话及传真,以免泄漏。

第四,客户的任何要求及保证,应有书面文字及盖章,以免日后争议无凭据。

模块二　出　口　做　箱

能力目标:能够根据装货单、配舱回单等信息整理装货信息
知识目标:了解出口做箱的方式及涉及的单据

任务训练

装货信息整理

工作情境:5 月 10 日,小张得到船公司的订舱确认,并收到了配舱回单(见表 4-2)、装货单等单据。师傅让小张仔细阅读这些单据,对主要的装货信息进行整理,制作做箱通知,并传真给正兴公司确认。

表 4-2 配舱回单

Shipper(发货人) ZHENGXING IMP&EXP. CO., LTD. 21 WEST ZHONGSHAN ROAD, HUZHOU			D/R No.(编号) HJSHBI 1520876	
Consignee(收货人) TO ORDER OF SHIPPER			中海集装箱运输有限公司 第 八 联	
Notify Party(通知人) MANDARS IMPORTS CO. LTD. 38 QUEENSWAY, ROTTERDAM			配舱回单(1)	
Pre-carriage by(前程运输)		Place of Receipt(收货地点)		
Ocean Vessel(船名)Voy. No.(航次) DONGFANG V. 190		Port of Loading(装货港) SHANGHAI		
Port of Discharge(卸货港) ROTTERDAM		Place of Delivery(交货地点)	Final Destination for the Merchant's Reference(目的地)	
Container No.(集装箱号) GANE100067 GANE100068	Seal No.(封志号) Marks & Nos.(标记与号码) MANDARS TXT201110 ROTTERDAM C/NO.:1—620	No. of containers or p'kgs.(箱数或件数) 620 CARTONS	Kind of Package:Description of Goods(包装种类与货名) KNITTED SWEATER	Gross Weight 毛重(公斤) 24800kg	Measurement 尺码(立方米) 55.8m³
TOTAL NUMBER OF CONTAINERS OR PACKAGES (IN WORDS) 集装箱数或件数合计(大写)		SAY TOTAL SIX HUNDRED AND TWENTY CARTONS ONLY			
FREIGHT & CHARGES(运费与附加费)	Revenue Tons(运费吨)	Rate(运费率)	Per(每)	Prepaid(运费预付) PREPAID	Collect(到付)
EX. Rate(兑换率)	Prepaid at(预付地点) SHANGHAI	Payable at(到付地点)		Place of Issue(签发地点) SHANGHAI	
	Total Prepaid(预付总额) USD1 600.00	No. of Original B(s)/L(正本提单份数) THREE			
Service Type on Receiving ☑—CY ☐—CFS ☐—DOOR		Service Type on Delivery ☑—CY ☐—CFS ☐—DOOR		Reefer Temperature Required(冷藏温度)	°F °C
TYPE OF GOODS(种类)	☑ Ordinary.(普通) ☐ Liquid.(液体)	☐ Reefer.(冷藏) ☐ Live Animal.(活动物)	☐ Dangerous.(危险) ☐ Bulk.(散货)	☐ Auto.(裸装车辆) ☐	危险品	Class: Property: IMDG Code Page: UN No.
可否转船:N		可否分批:N			
装　　期:MAY 21, 2011		效　　期:MAY 21, 2011			
金　　额:USD1 600.00					
制单日期:MAY 10, 2011					

成果检验：

请根据配舱回单（如表 4-2 所示），帮助小张制作做箱通知。

做 箱 通 知

to：湖州正兴/李先生

船名/航次：
提单号：
目的港：
做箱地址：
箱型：
装箱时间：
预计开船日：
注：预配数据为_____ ctn，_____ kg，_____ m³。
请确认核对数据，如无误请签 OK 传回我司，谢谢配合！
from：捷达国际货运代理有限公司/小张

2013 年 5 月 10 日

知识链接

订舱完成后，船公司会有一份放箱指令下给场站，场站接到指令，有了本票货资料之后，安排车队去堆场提取集装箱，然后根据船名、航次等信息单号预配信息将集装箱放给车队。紧接着就是货主备货，并安排装货。提高装货效率，对于货主、承运人和货代来说，都是有利的。

一、做箱的概念与方式

做箱是指把货物装进集装箱，并以不同的装货方式把货物运输到港区。做箱的方式一般有两种：场装和拖装。

（一）场装

场装是指用车将货物从工厂运输至集装箱场地，在堆场装入集装箱。这种方式下，一般由货主将货物送到货代指定仓库，由货代负责安排装箱进港事宜。

（二）拖装

拖装是指将集装箱从场地用集装箱拖车拖出到工厂装箱后，拖回堆场或港口。这种方式下，由货主委托货代或货主自行委托车队将空箱拖至工厂或仓库，货主安排装箱，装箱完毕后由货代或车队将箱子送进港区。

二、做箱涉及的单据

(一)配舱回单

配舱回单是货代在取得货主的订舱资料再向船公司定舱后取得的单证,有时会以"订舱确认报文"代替,是船公司给货代的十联单中涉及的单据。内容包括:船名、航次、装船日、提运单号等。

(二)进仓通知

进仓通知是指货代以书面通知的格式告知出口企业货主货物在仓库已经安排,收到通知书者可以送货到仓库了。

(三)集装箱设备交接单

集装箱设备交接单简称设备交接单(Equipment Receipt,E/R),是进出港区、场站时,用箱人、运箱人与管箱人或其代理人之间交接集装箱和特殊集装箱及其设备的凭证;是拥有和管理集装箱的船公司或其代理人与利用集装箱运输的陆运人签订有关设备交接基本条件的协议。设备交接单分出场(港)设备交接单和进场(港)设备交接单两种,各有三联,分别为管箱单位(船公司或其代理人)留底联;码头、堆场联;用箱人、运箱人联。

(四)集装箱装箱单

集装箱装箱单(Container Load Plan)是详细记载每一个集装箱内所装货物名称、数量、尺码、重量、标志和箱内货物积载情况的单证,对于特殊货物还应加注特定要求,比如对冷藏货物要注明对箱内温度的要求等。集装箱装箱单每一个集装箱一份,一式五联,其中:码头、船代、承运人各一联,发货人、装箱人各一联。集装箱货运站装箱时由装箱的货运站缮制;由发货人装箱时,由发货人或其代理人的装箱货运站缮制。

(五)场站收据

场站收据(Dock Recipt,D/R)是由发货人或其代理人编制,是承运人签发的,证明船公司已从发货人处接收了货物,并证明当时货物状态,船公司对货物开始负有责任的凭证,托运人据此向承运人或其代理人换取待装提单或装船提单。

(六)特殊货物清单

在集装箱内装运危险货物、动物货、植物货,以及冷冻货物等特殊货物时,托运人在托运这些货物时,必须根据有关规章,事先向船公司或其代理人提交相应的危险货物清单、动物货清单、植物货清单和冷冻(藏)货集装箱清单。

三、货物装箱应注意的问题

(一)装箱前须仔细检查

普箱主要检查箱子是否破损,是否污染,是否有残留物及其他的问题。若是其他的箱型,检查的地方就不一样。比如冷冻箱要到专门的地方做箱检,主要目的是检查制冷效果,是否存在破损及其他问题导致装货后存在对货物损坏变质的危险。

（二）装箱过程要合理

1. 不能随到随装,必须依据订舱清单事先编妥分箱积载计划,按计划装箱。
2. 备妥必需的合格的隔垫物料及捆扎加固材料。
3. 注意货盘,叉槽的放置方向正确。
4. 装箱时必须考虑方便拆箱卸货。
5. 重量分布要平衡,积载后重心接近箱子的中心,避免在卸运过程中倾斜、翻倒。
6. 硬包装的货物装箱时,应用垫料以免冲压其他货物或碰坏内壁。
7. 袋装货最好不与箱装货同装,不能避免时要用垫板。
8. 有凸出、隆起或四边不规则包装的货,须使用适当垫料,才能与其他货物同装在一起。
9. 湿货包括桶装、罐装液体货应用垫料并装在底层。
10. 不同种类包装必须保持分票积载,如木板包装货与袋装货之间,必须有保护性的隔垫,否则不能同装;
11. 包装损坏的货物,即使损坏表面是微小的,也不能装箱,装箱前坏包装要修复好,才能装入箱内。

（三）装货完毕要检查

装货完毕后,要进行检查。确保货物不松动,以免箱子倾斜造成货损。

纸箱货的装箱操作

纸箱是集装箱货物中最常见的一种包装,一般用于包装比较精细和质轻的货物。

纸箱货的装箱操作应注意的问题如下:

1. 如集装箱内装的是统一尺寸的大型纸箱,会产生空隙。当空隙为10cm左右时,一般不需要对货物进行固定,但当空隙很大时,就需要按货物具体情况加以固定。
2. 如果不同尺寸的纸箱混装,应就纸箱大小合理搭配,做到紧密堆装。
3. 拼箱的纸箱货应进行隔票。隔票时可使用纸、网、胶合板、电货板等材料,也可以用粉笔、带子等作记号。
4. 纸箱货不足以装满一个集装箱时,应注意纸箱的堆垛高度,以满足使集装箱底面占满的要求。
5. 装箱时要从箱里往外装,或从两侧往中间装。
6. 在横向产生250～300cm的空隙时,可以利用上层货物的重量把下层货物压住,最上层货物一定要塞满或加以固定。
7. 如所装的纸箱很重,在集装箱的中间层需要适当地加以衬垫。
8. 箱门端留有较大的空隙时,需要利用方形木条来固定货物。
9. 装载小型纸箱货时,为了防止塌货,可采用纵横交叉的堆装法。

模块三 出口报检

能力目标：能够正确填写报检单
知识目标：了解报检所需单据及流程

任务训练

报检单的填写

工作情境：收到小张的做箱通知后,正兴公司委托捷达国际货运代理有限公司完成该批货物的出口报检工作,并传真了一份报检委托书(如表 4-3 所示)。师傅告诉小张,报检工作要在装运前 7 天完成,先要在系统上进行预报检,在接到湖州出入境检验检疫部门的报检接收回执后,再拿纸质报检单及报检随附单据进行报检。师傅给了小张一份出境货物报检单,请帮助小张填写相关信息。

<u>　湖州　</u>出入境检验检疫局：

本委托人郑重声明,保证遵守出入境检验检疫法律、法规的规定。如有违法行为,自愿接受检验检疫机构的处罚并负法律责任。

本委托人委托受委托人向检验检疫机构提交"报检申请单"和各种随附单据。具体委托情况如下：

本单位将于 2013 年 5 月进口/出口如表 4-3 所示货物。

表 4-3　报检委托书

品名	女式针织衫	HS 编码	6204430090
数(重)量	17640 件	合同号	6104330099
信用证号	M51145160747856	审批文号	
其他特殊要求			

特委托　<u>湖州捷达国际货运有限公司</u>(单位/注册登记号),代表本公司办理下列出入境检验检疫事宜：

☑ 1. 办理代理报检手续；
☑ 2. 代缴检验检疫费；
☑ 3. 负责与检验检疫机构联系和验货；
☑ 4. 领取检验检疫证单；
☑ 5. 其他与报检有关的相关事宜。

请贵局按有关法律法规规定予以办理。

　　　　　委托人(公章)　　　　　　　　　　　受委托人(公章)
　　　　　2013 年 5 月 11 日　　　　　　　　　　年　月　日

本委托书有效期至_____年_____月_____日

成果检验:

请帮助小张完成出境货物报检单的填写(如表 4-4 所示)。

表 4-4 出境货物报检单

中华人民共和国出入境检验检疫
出境货物报检单

报检单位(加盖公章):				*编　号 _____
报检单位登记号:	联系人:	电话:	报检日期:	年　月　日

发货人	(中文)
	(外文)
收货人	(中文)
	(外文)

货物名称(中/外文)	H.S.编码	产地	数/重量	货物总值	包装种类及数量

运输工具名称号码		贸易方式		货物存放地点	
合同号		信用证号		用途	
发货日期		输往国家(地区)		许可证/审批号	
启运地		到达口岸		生产单位注册号	
集装箱规格、数量及号码					

合同、信用证订立的检验检疫条款或特殊要求	标记及号码	随附单据(划"√"或补填)
		□合同　　　□包装性能结果单 □信用证　　□许可/审批文件 □发票　　　□ □换证凭单　□ □装箱单　　□ □厂检单

需要证单名称(划"√"或补填)		*检验检疫费
□品质证书　　__正__副 □重量证书　　__正__副 □数量证书　　__正__副 □兽医卫生证书__正__副 □健康证书　　__正__副 □卫生证书　　__正__副 □动物卫生证书__正__副	□植物检疫证书　　__正__副 □熏蒸/消毒证书　__正__副 □出境货物换证凭单__正__副	总金额 (人民币元) 计费人 收费人

报检人郑重声明: 　1. 本人被授权报检。 　2. 上列填写内容正确属实,货物无伪造或冒用他人的厂名、标志、认证标志,并承担货物质量责任。 　　　　　　　　　　　签名:_____	领取证单
	日期
	签名

注:有"*"号栏由出入境检验检疫机关填写　　　　◆国家出入境检验检疫局制

[1-2 (2000.1.1)]

5月14日,捷达国际货运有限公司拿到湖州出入境检验检疫局签发的出境货物换证凭单(如表4-5所示),报检工作完成。

表4-5 出境货物换证凭条

转单号	31200010007319T		报检号	331004010007805
报检单位		湖州正兴贸易有限公司		
合同号	ZC010310		HS编码	6204430090
数(重)量	17640件	包装件数	620纸箱	金额	130536.00美元
评定意见: 贵单位报检的该批货物,经我局检验检疫,已合格。请执此单至上海局本部办理出境验证业务。本单有效期截止于2013年7月4日。 湖州局本部 2013年05月14日				

知识链接

需要检验的商品,在出口货物装船前,要完成报检工作。对于非自理报检出口单位,通常会委托货代来完成。中国出入境商品的检验检疫和监督管理工作由国家质量监督检验检疫总局及其设立在全国各地的分支机构负责。

一、报检的概念

报检是指办理商品出入境检验检疫业务的行为。

报检分为自理报检和代理报检两种。自理报检是指根据我国法律法规规定办理出入境检验检疫报检或委托代理报检单位办理出入境报检手续的行为。代理报检是指经国家工商行政部门注册的境内企业法人再经国家质量监督检验检疫总局注册登记,取得代理报检资质,并依法接受进出口货物收货人、发货人、货主等相关对外贸易法人的委托,为其向出入境检验检疫机构代理办理出入境检验检疫报检手续的行为。报检单位一般是专门的报检公司或者货代。

二、出口商品检验的范围

一般来说,出境货物最迟应在出口报关或装运前7天报检,个别检验周期较长的货物应留有相应时间。根据《中华人民共和国进出口商品检验法》的规定,下列商品在出口前,必须经当地商检机构或者国家商检部门指定的检验机构检验:

1. 列入国家商检部门公布的"商检机构实施检验的进出口表"内的出口商品;
2. 其他法律、行政法规规定须经商检机构检验的出口商品;
3. 对外贸易合同(包括信用证、购买证)规定由商检机构检验的商品;
4. 对外贸易关系人需要商检机构检验的商品;
5. 输入国政府规定须经我国商检机构检验出证的商品。

上述出口商品未经商检机构或者国家商检部门指定的检验机构检验合格,一律不准出口。

三、报检的资格

报检当事人从事报检行为,办理报检业务,必须按照检验检疫机构的要求,取得报检资格。未按规定取得报检资格的,检验检疫机构不予受理报检。

1. 报检单位

自理报检单位在首次报检时须办理备案登记手续,取得"自理报检单位备案登记"证书和报检单位代码后,方可办理相关检验检疫报检事宜;

代理报检单位须经国家质量监督检验检疫总局审核获得许可、注册登记,取得"代理报检单位注册登记"证书和报检单位代码后,方可依法代为办理检验检疫报检。

2. 报检人员

报检单位是报检行为的主体,具体工作则是由报检单位的报检人员负责。国家对报检人员实行注册管理。报检人员只有通过国家质检总局组织的全国统一考试,获得《报检员资格证》,并由报检单位向检验检疫机构提出注册申请,经审核合格获得了《报检员证》,方能从事本单位的报检工作。报检人员须凭《报检员证》办理报检事宜。

报检单位无持证报检人员的,应委托代理报检单位报检。代理报检单位报检时应提交委托人按检验检疫机构规定格式填写的代理授权委托书。

非贸易性质的报检行为,报检人员凭有效证件可直接办理报检手续。

四、报检的时限和地点

1. 报检时限

(1) 出境货物最迟应在出口报关或装运前7天报检,对于个别检验检疫周期较长的货物,应留有相应的检验检疫时间;

(2) 需隔离检疫的出境动物在出境前60天预报,隔离前7天报检;

(3) 出境观赏动物应在动物出境前30天到出境口岸检验检疫机构报检。

2. 报检地点

(1) 法定检验检疫货物,除活动物需由口岸检验检疫机构检验检疫外,原则上应实施产地检验检疫,在产地检验检疫机构报检;

(2) 法律法规允许在市场采购的货物应向采购地的检验检疫机构办理报检手续;

(3) 异地报关的货物,在报关地检验检疫机构办理换证报检,实施出口直通放行制度的货物除外。

五、报检的方式

出入境货物的收/发货人或其代理人向检验检疫机构报检,可以采用书面报检或电子报检两种方式。

1. 书面报检

书面报检是指报检当事人按照检验检疫机构的规定,填制纸质出入境货物报检单,备齐随附单证,向检验检疫机构当面递交的报检方式。

2. 电子报检

电子报检是指报检当事人使用电子报检软件，通过检验检疫电子业务服务平台，将报检数据以电子方式传输给检验检疫机构，经检验检疫业务管理系统和检验检疫工作人员处理后，将受理报检信息反馈给报检当事人，报检当事人在收到检验检疫机构已受理报检的反馈信息(生成预录入号或直接生成正式报检号)后打印出符合规范的纸质报检单，在检验检疫机构规定的时间和地点提交出/入境货物报检单和随附单据的报检方式。主要通过"企业端软件"(如图4-1所示)或"网上申报系统"(浏览器方式)两种方式来实现电子报检。

一般情况下，报检当事人应采用电子报检方式向检验检疫机构报检，并且确保电子报检信息真实、准确，与纸质报检单及随附单据有关内容保持一致。

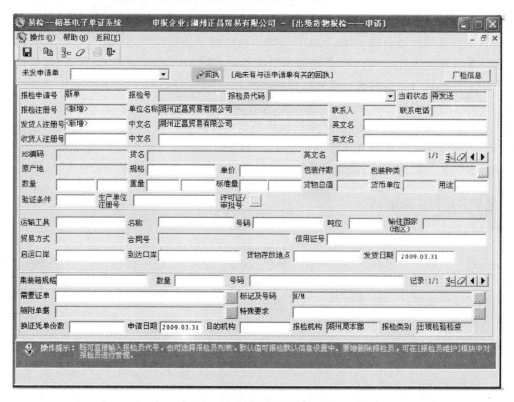

图 4-1　易检-榕基电子单证系统

六、报检涉及的单证

（一）报检需提供的单证

1. 出境货物报检时，应填写《出境货物报检单》，并提供外贸合同或销售确认书或订单；信用证、有关函电；生产经营部门出具的厂检结果单原件；检验检疫机构签发的《出境货物运输包装性能检验结果单》（正本）。

2. 凭样品成交的，须提供样品。

3. 经预检的货物，在向检验检疫机构办理换证放行手续时，应提供该检验检疫机构签发的《出境货物换证凭单》（正本）。

4. 产地与报关地不一致的出境货物,在向报关地检验检疫机构申请《出境货物通关单》时,应提交产地检验检疫机构签发的《出境货物换证凭单》(正本)或"换证凭条"。

5. 出口危险货物时,必须提供《出境货物运输包装性能检验结果单》正本和《出境危险货物运输包装使用鉴定结果单》(正本)。

6. 预检报检的,还应提供货物生产企业与出口企业签订的贸易合同。尚无合同的,需在报检单上注明检验检疫的项目和要求。

7. 按照检验检疫的要求,提供相关其他特殊证单。

国家质检总局规定出口报检时应提供的单证包括《出境货物报检单》和随附单证,其中"随附单证"包括合同、发票、装箱单、提单和各种情况下的相关单证。

(二)可以向商检局申请签发的证单

报检人按照要求填制《出境货物报检单》并提供相关单证,经检验检疫机构检验货物后,可以根据报检人的申请,签发以下几类单据。

1. 出境货物换证凭单(条)

换证凭单和换证凭条都是出境货物报检的凭证,都是报检地与出境地不同的情况下去出境地检验检疫机构换取正本《通关单》的凭证。

2. 检验检疫证书

商品检验检疫证书是指进出口商品经商品检验检疫机构检验、鉴定后出具的证明检验检疫结果的书面文件。商品检验检疫证书的种类很多,在实际进出口商品交易中,应在检验检疫条款中规定检验检疫证书的类别及其商品检验检疫的要求。商检证书的种类主要有品质检验证书、重量或数量检验证书、兽医检验证书、卫生健康证书、消毒检验证书、熏蒸证书、残损检验证书等。

3. 产地证

产地证分为一般产地证和普惠制产地证。一般产地证(Certificate of Origin)是用以证明有关出口货物和制造地的一种证明文件,是货物在国际贸易行为中的"原籍"证书。在特定情况下进口国据此对进口货物给予不同的关税待遇。普惠制产地证(Generalized System of Preferences)是根据普惠制原产地规则签发的一种产地证明书。普惠制原产地规则是各给惠国关于受惠国出口产品享受普惠制待遇必备的条件的规定,是普惠制的重要组成部分和核心。

七、出境报检的分类

出境货物报检可分为出境一般报检、出境换证报检、出境货物预检报检。

(一)出境一般报检

出境一般报检是指法定检验检疫出境货物的货主或其代理人,持有关证单向产地检验检疫机构申请检验检疫以取得出境放行证明及其他证单的报检。对于出境一般报检的货物,检验检疫合格后,在当地海关报关的,由报关地检验检疫机构签发《出境货物通关单》,货主或其代理人持《出境货物通关单》向当地海关报关;在异地海关报关的,由产地检验检疫机构签发《出境货物通关单》或"换证凭条",货主或其代理人持《出境货物通关单》或"换证凭条"向报关地的检验检疫机构申请换发《出境货物通关单》。

（二）出境换证报检

出境换证报检是指经产地检验检疫机构检验检疫合格的法定检验检疫出境货物的货主或其代理人，持产地检验检疫机构签发的《出境货物换证凭单》或"换证凭条"向报关地检验检疫机构申请换发《出境货物通关单》的报检。对于出境换证报检的货物，报关地检验检疫机构按照国家质检总局规定的抽查比例进行查验。

（三）出境预检报检

出境货物预检报检是指货主或者其代理人持有关单证向产地检验检疫机构申请对暂时还不能出口的货物先实施检验检疫的报检。预检报检的货物经检验检疫合格的，检验检疫机构签发《出境货物换证凭单》；正式出口时，货主或其代理人可在检验检疫有效期内持此单向检验检疫机构申请办理放行手续。申请预检报检的货物须是经常出口的、非易腐烂变质、非易燃易爆的商品。

八、报检的流程

（一）出口商品法定检验检疫的程序

法定检验检疫的出口货物，在报关时必须提供报关地检验检疫机构签发的《出境货物通关单》，海关凭报关地检验检疫机构签发的《出境货物通关单》验收。

法定检验检疫的出境货物的保荐人应在规定的时限内持相关单证向检验检疫机构报检；检验检疫机构审核有关单证，符合要求的受理报检并计收费，然后转施检部门实施检验检疫。对产地和报关地相一致的货物。经检验检疫合格，检验检疫机构出具《出境货物通关单》供报检人在海关办理通关手续；对产地和报关地不一致的货物，报检人应向产地检验检疫机构报检，产地检验检疫机构对货物检验检疫合格后，出具《出境货物换证凭单》，或将电子信息发送至口岸检验检疫机构并出具《出境货物换证凭条》。具体流程如图4-2所示。

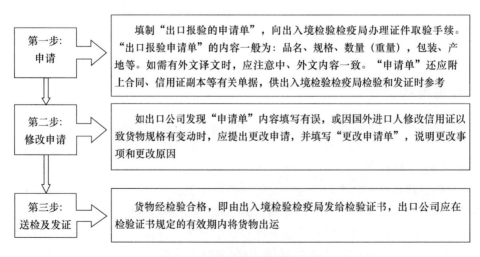

图4-2　法定检验商品报检流程

（二）出口商品非法定检验检疫的程序

合同、信用证的规定或申请人的要求，需商检机构检验出具商检证书的，可向商检机构报验。报检程序一般包括准备报检单证、电子报检数据录入、现场递交单证、联系配合检验检疫、缴纳检验检疫费、签领检验检疫证单等几个环节。

1．准备报检单证

（1）报检时，应使用国家质量监督检验检疫总局统一印制的报检单，报检单必须加盖报检单位印章，即报检单位公章或已向检验检疫机关备案的"报检专用章"；

（2）报检单所列项目应填写完整、准确，字迹清晰，不得涂改，无相应内容的栏目应填写"×××"，不得留空；

（3）报检单位必须做到三个符合：一是单证相符，二是单货相符，三是单单相符；

（4）随附单证原则上要求原件，确实无法提供原件的，应提供有效复印件。

2．电子报检数据录入

（1）报检人员应使用经国家质量监督检验检疫总局评测合格并认可的电子报检软件进行电子报检；

（2）须在规定的报检时限内将相关出入境货物的报检数据发送至报检地检验检疫机构；

（3）对合同或信用证中涉及检验检疫特殊条款和特殊要求的，应在电子报检中提出；

（4）对经审核不符合要求的电子报检数据，报检人员可按照检验检疫机构的有关要求对报检数据修改后，再次报检；

（5）报检人员收到受理报检的反馈信息后打印出符合规范的纸质货物报检单；

（6）需要对已发送的电子报检数据进行更改或撤销报检时，报检人员应发送更改或撤销申请。

3．现场递交单证

（1）电子报检受理后，报检人员应在检验检疫机构规定的地点和期限内，持本人《报检员证》到现场递交纸质报检单、随附单证等有关资料。

（2）对经检验检疫机构工作人员审核认为不符合规定的报检单证，或需要报检单位作出解释、说明的，报检人员应及时修改、补充或更换报检单证，及时解释、说明情况。

4．联系、配合检验检疫

报检人员应主动联系，配合检验检疫机构对出入境货物实施检验检疫。

5．缴纳检验检疫费

报检人员应在检验检疫机构开具收费通知单之日起 20 日内足额缴纳检验检疫费用。

6．签领证单

对出入境货物检验检疫完毕后，检验检疫机构根据评定结果签发相应的证单，报检人在领取检验检疫机构出具的有关检验检疫证单时应如实签署姓名和领证时间，并妥善保管。

本地报关的出境货物，经产地检验检疫合格后，签发《出境货物通关单》（两联）。正本由报检人持有，用于在海关办理通关手续。

异地报关的出境货物，实行产地检验检疫的商品经产地检验检疫合格后，签发《出境货物换证凭单》；实施电子转单的，提供"出境货物换证凭条"。报关地检验检疫机构凭产地检验检疫机构出具的《出境货物换证凭单》正本或电子转单信息受理换证申请，进行验证或核查货证，对于证证相符、货证相符的，签发《出境货物通关单》放行，查验不合格的，签发《出境货物不合格通知单》。

九、出境货物报检单的填写方法

下面以湖州正昌贸易有限公司出境货物报检业务单(见表 4-6)为例,介绍报检单的填写方法。

表 4-6 出境货物报检单样单

中华人民共和国出入境检验检疫
出境货物报检单

报检单位(加盖公章):　　　　　　　　　　　　　　*编号 330805209478215
报检单位登记号:3308500449　联系人:　　电话:　　报检日期:2009年3月31日

发货人	(中文) 湖州正昌贸易有限公司				
	(外文) HUZHOU ZHENGCHANG TRADING CO., LTD.				
收货人	(中文)				
	(外文) MAIJER FISTRTION INC.				
货物名称(中/外文)	H.S.编码	产地	数/重量	货物总值	包装种类及数量
96%涤4%弹力女连衣裙	6204430090	湖州	17640件	130536.00美元	420纸箱
运输工具名称号码	海运	贸易方式	一般贸易	货物存放地点	正昌
合同号	ZC090210	信用证号	M51145160747856	用途	其他
发货日期	2009.4.6	输往国家(地区)	韩国	许可证/审批号	
启运地	上海	到达口岸	釜山	生产单位注册号	3308500449
集装箱规格、数量及号码		1×20'			
合同、信用证订立的检验检疫条款或特殊要求	标记及号码	随附单据(划"√"或补填)		
***	见发票ZC09311	☑合同　　☑包装性能结果单 ☑信用证　□许可/审批文件 ☑发票　　□ □换证凭单　□ ☑装箱单　□ ☑厂检单　□			

需要证单名称(划"√"或补填)		*检验检疫费
□品质证书　　正　副 □重量证书　　正　副 □数量证书　　正　副 □兽医卫生证书　正　副 □健康证书　　正　副 □卫生证书　　正　副 □动物卫生证书　正　副	□植物检疫证书　正　副 □熏蒸/消毒证书　正　副 ☑出境货物换证凭单 □出境货物通关单	总金额 (人民币元) 计费人 收费人
报检人郑重声明: 1.本人被授权报检。 2.上列填写内容正确属实,货物无伪造或冒用他人的厂名、标志、认证标志,并承担货物质量责任。 　　　　　　　　　签名:张洁		领取证单 日期 签名

注:有"*"号栏由出入境检验检疫机关填写　　　　　　◆国家出入境检验检疫局制

1. 编号：15位数字形式,由检验检疫机构受理报检人员填写。前6位为检验检疫机构代码；第7位为出境货物报检类别代码"2"；第8、9位为年度代码,如2009年为"09"；第10至15位为流水号。实行电子报检后,该编号可在报检的受理回执中自动生成。

2. 报检单位（加盖公章）：填写报检单位的全称,并加盖报检单位公章或已向检验检疫机构备案的"报检专用章"。

3. 报检单位登记号：填写报检单位在检验检疫机构备案或注册登记的代码。

4. 联系人：填写报检人员姓名。

5. 电话：填写报检人员的联系电话。

6. 报检日期：检验检疫机构受理报检的日期,由检验检疫机构受理报检人员填写。

7. 发货人：根据不同情况填写。预检报检的,可填写生产单位。出口报检的,应填写外贸合同中的卖方或信用证的受益人。

8. 收货人：按外贸合同、信用证中所列买方名称填写。

9. 货物名称（中/外文）：按外贸合同、信用证上所列品名及规格填写。

10. H.S编码：填写本批货物8位数或10位数商品编码,以当年海关公布的商品税则编码分类为准。

11. 产地：指本批货物的生产（加工）地,填写省、市、县名。

12. 数/重量：应填写法定第一计量单位所对应的数/重量。重量一般为填写净重。

13. 货物总值：按外贸合同、发票上所列的货物总值和币种填写。

14. 包装种类及数量：填写本批货物运输包装的种类及数量,注明包装的材质。

15. 运输工具名称和号码：填写装运本批货物的运输工具的名称和号码。报检时,未能确定运输工具编号的,可只填写运输工具类别。

16. 贸易方式：填写本批货物的贸易方式,根据实际情况选填一般贸易、来料加工、进料加工、易货贸易、补偿贸易、边境贸易、无偿援助、外商投资、对外承包工程进出口货物、出口加工区进出境货物、出口加工区进出区货物、退运货物、过境货物、保税区进出境仓储、转口货物、保税区进出区货物、暂时进出口货物、暂时进出口留购货物、展览品、样品、其他非贸易性物品、其他贸易型货物。

17. 货物存放地点：填写本批货物存放的具体地点、工厂仓库。

18. 合同号：填写外贸合同、订单或形式发票的号码。

19. 信用证号：填写本批货物对应的信用证编号。

20. 用途：填写本批货物的用途。根据实际情况,选填种用或繁殖、食用、奶用、观赏或演艺、伴侣动物、实验、药用、饲用、介质土、食品包装材料、食品加工设备、食品添加剂、食品容器、食品洗涤剂、食品消毒剂、其他。

21. 发货日期：填写出口装运日期,预检报检可不填。目前网上申报设定此项为必填项,不能为空,如果发货日期不能确定,填写时注意该日期只要在报检单有效期之内即可。

22. 输往国家（地区）：指外贸合同中买方（进口方）所在国家和地区,或合同注明的最终输往国家和地区,出口到中国境内保税区、出口加工区的,填写保税区、出口加工区。

23. 许可证/审批号：对实施许可/审批制度管理的货物,填写质量许可证编号或审单编号。

24. 启运地：填写本批货物离境的口岸/城市地区名称。

25. 到达口岸：填写本批货物抵达目的地入境口岸名称。

26. 生产单位注册号：填写本批货物生产、加工单位在检验检疫机构的注册登记编号，如卫生注册登记号等。
27. 集装箱规格、数量及号码：货物若以集装箱运输，填写集装箱的规格、数量及号码，如"1×20/TGHU8491952"。
28. 合同、信用证订立的检验检疫条款或特殊要求：填写在外贸合同、信用证中特别订立的有关质量、卫生等条款或报检单位对本批货物检验检疫的特殊要求。
29. 标记及号码：填写本批货物的标记号码，应与合同、发票等有关外贸单据保持一致。若没有标记号码则填"N/M"。
30. 随附单据：按实际向检验检疫机构提供的单据，在对应的"□"内打"√"或补填。
31. 需要证单名称：根据所需由检验检疫机构出具的证单，在对应的"□"内打"√"或补填，并注明所需证单的正副本数量。
32. 检验检疫费：由检验检疫机构计/收费人员填写。
33. 报检郑重声明：报检人员必须亲笔签名。
34. 领取证单：由报检人员在领取证单时填写领证日期并签名。

模块四　出　口　报　关

能力目标：能够正确填写报关单
知识目标：了解报关所需单据及流程

任务训练

报关单填写

工作情境：正兴进出口有限公司5月14日进行货物装箱，并将报关资料交至捷达国际货运有限公司，委托办理报关（如表4-7所示）。师傅告诉小张，报关工作不得迟于货物装船前24小时。师傅让小张根据货物及装运等信息，完成出口货物工作。

表4-7　代理报关委托书

代理报关委托书
编号：□□□□□□□□□□□
我单位现　（☑A逐票、B长期）委托贵公司代理（☑A. 报关查验　　☑B. 垫缴税款　　☑C. 办理海关证明联　D. 审批手册　E. 核销手册　F. 申办减免税手续　G. 其他)等通关事宜。详见《委托报关协议》。
我单位保证遵守《中华人民共和国海关法》和国家有关法规，保证所提供的情况真实、完整、单货相符。否则，愿承担相关法律责任。
本委托书有效期自签字之日起至　2013年12月31日止。
委托方（盖章）：
法定代表人或其授权签署《代理报关委托书》的人（签字）
2013年5月14日

成果检验：请帮助小张填写出口货物报关单(如表4-8所示)。

补充资料：

出口的针织衫商品编码：6204430090

正兴进出口有限公司在海关注册的编码：3305960254

出口口岸：浦东海关

一个20英尺标箱从上海到鹿特丹的运费是800美元，投保一切险的费率是0.1%。

表4-8　中华人民共和国海关出口货物报关单

预录入编号：　　　　　　　　　　　　　　　　海关编号：

出口口岸	备案号		出口日期		申报日期	
经营单位	运输方式		运输工具名称		提运单号	
发货单位	贸易方式		征免性质		结汇方式	
许可证号	运抵国(地区)		指运港		境内货源地	
批准文号	成交方式	运费	保费		杂费	
合同协议号	件数	包装种类	毛重(公斤)		净重(公斤)	
集装箱号	随附单据				生产厂家	
标记唛码及备注						
项号	商品编号	商品名称、规格型号	数量及单位	最终目的地(地区)	单价	总价	币制	征免
税费征收情况								
录入员　　录入单位	兹声明以上申报无讹并承担法律责任	海关审单批注及放行日期(签章)						
		审单　　　　　　审单						
报关员	申报单位(签章)							
单位地址		征税　　　　　　统计						
邮编　　电话　　填制日期		查验　　　　　　放行						

知识链接

报关是履行海关进出境手续的必要环节之一。任何货物出口前，都必须要向海关如实申报。对于非自理报检出口单位，通常会委托货代来完成报关环节。

一、报关的概念

报关是指进出口货物收发货人、进出境运输工具负责人、进出境物品所有人或者他们的代理人向海关办理货物、物品或运输工具进出境手续及相关海关事务的过程，包括向海关申报、交验单据证件，并接受海关的监管和检查等。

报关涉及的对象可分为进出境的运输工具和货物、物品两大类。由于性质不同,其报关程序各异。运输工具如船舶、飞机等通常应由船长、机长签署到达、离境报关单,交验载货清单、空运、海运单等单证向海关申报,作为海关对装卸货物和上下旅客实施监管的依据。而货物和物品则应由其收发货人或其代理人,按照货物的贸易性质或物品的类别,填写报关单,并随附有关的法定单证及商业和运输单证报关。如属于保税货物,应按"保税货物"方式进行申报,海关对应办事项及监管办法与其他贸易方式的货物有所区别。

二、报关主体和单位

1. 报关主体

报关主体即有报关资格的人。在《关于简化和协调海关制度的国际公约》总附约中标准条款3.7条中有如下规定:即所有对货物有处置权的人应有资格作为报关人,可以作为报关主体。

2. 报关单位

海关对进出口货物报关管理的主要制度实际是报关注册登记制度。凡是在中华人民共和国进出境口岸办理进出口货物报关手续的企业必须向海关办理报关注册登记。要履行进出口货物的报关手续,必须先经海关批准成为报关单位。能够向海关注册登记的单位分为两类,一类是办理报关注册登记单位;另一类是办理代理报关注册登记单位。

三、报关的范围

按照法律规定,所有进出境运输工具、货物、物品都需要办理报关手续。报关的具体范围如下:

1. 进出境运输工具

进出境运输工具是指用以载用人员、货物、物品进出境,并在国际间运营的各种境内或境外船舶、车辆、航空器和驮畜等。

2. 进出境货物

进出境货物是指一般进出口货物,保税货物,暂准进出境货物,特定减免税货物,过境、转运和通用及其他进出境货物。

3. 进出境物品

进出境物品是指进出境的行李物品、邮递物品和其他物品。以进出境人员携带、托运等方式进出境的物品为行李物品;以邮递方式进出境的物品为邮递物品;其他物品主要包括享有外交特权和豁免的外国机构或者人员的公务用品和自用物品等。

四、报关的时间

根据《中华人民共和国海关法》规定,进口货物的报关期限为自运输工具申报进境之日起14日内,由收货人或其代理人向海关报关;转关进口货物除在14日内向进境地海关申报外,还须在载运进口货物的运输工具抵达指运地之日起14日内向指运地海关报关;超过这个期限报关的,由海关征收滞报金。

出口货物应在货物装入运输工具的24小时之前,向海关报关。也就是说,应先报关,后装货。须在报关24小时之后,才能将货物装入运输工具。

五、报关所需提交的单证

出口商或报关企业向海关报关时,需提交以下单证:

1. 出口货物报关单。由出口商或报关企业填写。需要由海关核销的货物,如加工贸易货物和保税货物等,应填写专用报关单一式三份;货物出口后需国内退税的,应另填一份退税专用报关单。

2. 货物发票。要求份数比报关单少一份,对货物出口委托国外销售,结算方式是待货物销售后按实销金额向出口单位结汇的,出口报关时可准予免交。

3. 陆运单、空运单和海运出口的装货单。海关在审单和验货后,在正本货运单上签章放行退还报关企业,凭此提货或装运货物。

4. 货物装箱单。其份数同发票。但是散装货物或单一品种且包装内容一致的件装货物可免交。

5. 出口收汇核销单。一切出口货物报关时,应交验外汇管理部门加盖"监督收汇"章的出口收汇核销单,并将核销编号填在每张出口报关单的右上角处。

6. 海关认为必要时,还应交验贸易合同、货物产地证书等。

7. 其他有关单证,包括:经海关批准准予减税、免税的货物,应交海关签章的减免税证明,北京地区的外资企业需另交验海关核发的进口设备清单。

已向海关备案的加工贸易合同进出口的货物,应交验海关核发的"登记手册"。

六、出口报关的基本流程

在我国,出口货物的报关须经过出口货物的发货人或其代理人办理申报、配合查验、缴纳税费、装运货物等作业环节,具体流程如图 4-3 所示。

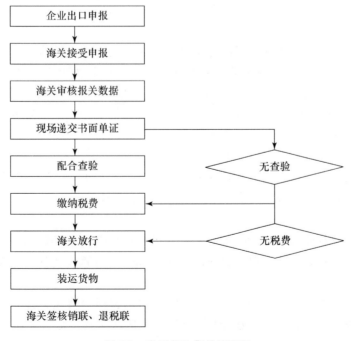

图 4-3　出口货物报关流程图

1. 企业出口申报

出口申报是指出口货物的发货人或其代理人,依照法律、法规的要求,在规定的期限、地点,向海关交纳相应的报关单证,报告实际出口货物的情况,并接受海关审核的行为。申报采用电子数据报关单申报和纸质报关单申报的形式。

出口货物的申报期限为货物运抵海关监管区后、装货的 24 小时以前。申报地点为货物的出境地海关。不需要征税费、查验的货物,自接受申报起 1 日内办结通关手续。

2. 海关接受申报

不论是电子申报还是纸质申报,海关以接受申报数据的日期为接受申报的日期。

货物的发货人或其代理人根据《中华人民共和国海关进出口货物报关单填制规范》和海关监管、征税、统计等要求录入电子报关数据并通过网络传输方式向海关传输电子数据,进行电子申报。海关计算机系统根据预先设定的各项参数对电子报关数据的规范性、有效性和合法性进行电子审核,审核通过后申报人到现场海关接单窗口递交书面单证,办理货物验放手续。申报人通常应递交以下单证:

(1) 报关员证;

(2) 代理报关委托书;

(3) 预录入报关单(预录入公司录入、打印,并联网将录入数据传送到海关,由申报单位向海关申报的报关单);

(4) 发票、装箱单、合同、提单/运单等随附单据;

(5) 加工贸易需提供加工贸易手册;

(6) 海关依据对外贸易管理制度规定,对出口实施实际监管的各种许可证件。主要有:出口许可证、被动出口配额证、检验检疫出境货物通关单、濒危物种出口允许证、精神药物出口准许证、文物出口许可证等;

(7) 特殊监管条件的有关单证以及海关要求出示的单证。

3. 配合查验

海关在接受报关单位的申报并以已经审核的申报资料为依据,通过对出口货物进行实际的核查,以确定其报关单证申报的内容是否与实际进出口的货物相符。配合查验是指申报出口的货物经海关决定查验时,出口货物的发货人或者代理人应到达查验现场,配合海关查验货物,并负责按照海关的要求搬移、开拆或重封被查验货物的工作环节。海关通过查验,核实有无伪报、瞒报、申报不实等走私、违规行为,同时也为海关的征税、统计、后续管理提供可靠的资料。

需要查验的货物自接受申报起 1 日内海关开出查验通知单,自具备海关查验条件起 1 日内完成查验,除需缴税外,自查验完毕 4 小时内办结通关手续。

4. 缴纳税费

海关对应税货物征收税款(关税、增值税),并打印税款缴款书,出口货物的发货人或者代理人接到海关发出的税费缴纳通知书后,向海关指定的银行办理税费款项的缴纳手续。

5. 装运货物

放行关员对电子报关数据、书面单证及批注情况进行复核,情况正常的,办理单证放行手续。出口货物的发货人或者代理人通知港区、机场、车站及其他有关单位装运出口货物。对已放行的出口货物,海关在收到船代/航空公司地面代理提供的清洁电子舱单后,负责报关单电子数据与电子舱单数据的核对,对确认已实际出口的货物办理结关核销手续,并根据申报人提供的申请签发证明联的清单签发出口退税专用联、收汇核销联及加工贸易海关核销联。

七、报关单的填写方法

如表 4-9 所示为报关单样单。

表 4-9 中华人民共和国海关出口货物报关单样单

预录入编号:　　　　　　　　　　　　　　　海关编号:

出口口岸 上海	备案号		出口日期 2009.04.06	申报日期
经营单位 湖州正昌贸易有限公司 3305960253	运输方式 江海运输		运输工具名称 GOLDEN COMAPANION/907N	提运单号 COSG55896212
发货单位 湖州正昌贸易有限公司	贸易方式 一般贸易		征免性质 一般征税	结汇方式 信用证
许可证号	运抵国(地区) 韩国		指运港 釜山	境内货源地 湖州
批准文号 721013055	成交方式 CIF	运费 502/200/3	保费 502/143.59/3	杂费
合同协议号 ZC090210	件数 420	包装种类 纸箱	毛重(公斤) 6090	净重(公斤) 5250
集装箱号	随附单据 通关单			生产厂家
标记号码及备注 MAIJER ZC090210 BUSAN C/NO.1-42				

项号	商品编号	商品名称、规格型号	数量及单位	最终目的国(地区)	单价	总价	币制	征免
1	6204430090	96%涤 4%弹力女连衣裙	17 640 件	韩国	7.40	130 536.00	USD	一般征税

税费征收情况				
录入员　　录入单位	兹声明以上申报无讹并承担法律责任 申报单位(签章)	海关审单批注及放行日期(签章)		
报关员		审单		审单
单位地址		征税		统计
邮编　　电话　　填制日期		查验		放行

1. 预录入编号

本栏目填报预录入报关单的编号,预录入编号规则由接受申报的海关决定。

2. 海关编号

本栏目填报海关接受申报时给予的报关单的编号,一份报关单对应一个海关编号。

报关单海关编号为18位,其中第1～4位为接受申报海关的编号(海关规定的《关区代码表》中相应海关代码),第5～8位为海关接受申报的年份,第9位为进出口标志("1"为进口,"0"为出口;集中申报清单"I"为进口,"E"为出口),后9位为顺序编号。

3. 出口口岸

本栏目应根据货物实际进出境的口岸海关,填报海关规定的《关区代码表》中相应口岸海关的名称及代码。

4. 备案号

本栏目填报进出口货物收发货人在海关办理加工贸易合同备案或征、减、免税备案审批等手续时,海关核发的《中华人民共和国海关加工贸易手册》、电子账册及其分册(以下统称《加工贸易手册》)、《进出口货物征免税证明》(以下简称《征免税证明》)或其他备案审批文件的编号。

一份报关单只允许填报一个备案号。

5. 出口日期

出口日期指运载出口货物的运输工具办结出境手续的日期,本栏目供海关签发打印报关单证明联用,在申报时免予填报。

本栏目为8位数字,顺序为年(4位)、月(2位)、日(2位)。

6. 申报日期

申报日期指海关接受进出口货物收发货人、受委托的报关企业申报数据的日期。以电子数据报关单方式申报的,申报日期为海关计算机系统接受申报数据时记录的日期。以纸质报关单方式申报的,申报日期为海关接受纸质报关单并对报关单进行登记处理的日期。

申报日期为8位数字,顺序为年(4位)、月(2位)、日(2位)。本栏目在申报时免予填报。

7. 经营单位

本栏目填报在海关注册登记的对外签订并执行进出口贸易合同的中国境内法人、其他组织或个人的名称及海关注册编码。

8. 运输方式

本栏目应根据货物实际进出境的运输方式或货物在境内流向的类别,按照海关规定的"运输方式代码表"选择填报相应的运输方式。

9. 运输工具名称

本栏目填报载运货物出境所使用的运输工具的名称或运输工具编号,一份报关单只允许填报一个运输工具名称。江海运输填报船舶编号(来往港澳小型船舶为监管簿编号)或者船舶英文名称。同时后面加上运输工具的航次编号,用"/"分隔。

10. 提运单号

本栏目填报进出口货物提单或运单的编号。

一份报关单只允许填报一个提单或运单号,一票货物对应多个提单或运单时,应分单填报。

直接在进出境地或采用"属地申报,口岸验放"通关模式办理报关手续的,具体填报要求如下:

(1) 水路运输:填报进出口提单号。如有分提单的,填报进出口提单号+"＊"+分提单号。

(2) 公路运输:免予填报。

(3) 铁路运输:填报运单号。

(4) 航空运输:填报总运单号+"_"+分运单号,无分运单的填报总运单号。

(5) 邮件运输:填报邮运包裹单号。

11. 发货单位

发货单位填报出口货物在境内的生产或销售单位的名称,包括:

(1) 自行出口货物的单位。

(2) 委托进出口企业出口货物的单位。

12. 贸易方式(监管方式)

本栏目应根据实际对外贸易情况按海关规定的"监管方式代码表"选择填报相应的监管方式简称及代码。一份报关单只允许填报一种监管方式。

13. 征免性质

本栏目应根据实际情况按海关规定的"征免性质代码表"选择填报相应的征免性质简称及代码,持有海关核发的《征免税证明》的,应按照《征免税证明》中批注的征免性质填报。一份报关单只允许填报一种征免性质。

14. 结汇方式

按海关规定的"结汇方式代码表"选择填报相应的结汇方式名称或代码。

15. 许可证号

本栏目填报以下许可证的编号:进(出)口许可证、两用物项和技术进(出)口许可证、两用物项和技术出口许可证(定向)、纺织品临时出口许可证、出口许可证(加工贸易)、出口许可证(边境小额贸易)。

一份报关单只允许填报一个许可证号。

16. 运抵国(地区)

填报出口货物离开我国关境直接运抵或者在运输中转国(地区)未发生任何商业性交易的情况下最后运抵的国家(地区)。

本栏目应按海关规定的"国别(地区)代码表"选择填报相应的启运国(地区)或运抵国(地区)中文名称及代码。

17. 指运港

指运港填报出口货物运往境外的最终目的港;最终目的港不可预知的,按尽可能预知的目的港填报。

本栏目应根据实际情况按海关规定的"港口航线代码表"选择填报相应的港口中文名称及代码。指运港在"港口航线代码表"中无港口中文名称及代码的,可选择填报相应的国家中文名称或代码。

18. 境内货源地

境内货源地栏目填报出口货物在国内的产地或原始发货地。出口货物产地难以确定的,填报最早发运该出口货物的单位所在地。

本栏目按海关规定的"国内地区代码表"选择填报相应的国内地区名称及代码。

19．批准文号

出口报关单中本栏目填报出口收汇核销单编号。

20．成交方式

本栏目应根据进出口货物实际成交价格条款,按海关规定的"成交方式代码表"选择填报相应的成交方式代码。

21．运费

本栏目填报出口货物运至我国境内输出地点装载后的运输费用。出口货物成交价格不包含前述运输费用的,本栏目免于填报。

运费可按运费单价、总价或运费率三种方式之一填报,注明运费标记(运费标记"1"表示运费率,"2"表示每吨货物的运费单价,"3"表示运费总价),并按海关规定的"货币代码表"选择填报相应的币种代码。

运保费合并计算的,填报在本栏目。

2%的运费率填报为"2";

150美元的运费单价填报为"502/150/2"(注：502为美元代码);

2000美元的运费总价填报为"502/2000/3"。

22．保费

本栏目填报出口货物运至我国境内输出地点装载后的保险费用。出口货物成交价格不包含前述保险费用的,本栏目免于填报。

保费可按保险费总价或保险费率两种方式之一填报,注明保险费标记(保险费标记"1"表示保险费率,"3"表示保险费总价),并按海关规定的"货币代码表"选择填报相应的币种代码。

运保费合并计算的,本栏目免予填报。

0.1%的保险费率填报为"0.1";

5000港元保险费总价填报为"110/5000/3"(注：110为港元的代码)。

23．杂费

本栏目填报成交价格以外的、按照《中华人民共和国进出口关税条例》相关规定应计入完税价格或应从完税价格中扣除的费用。可按杂费总价或杂费率两种方式之一填报,注明杂费标记(杂费标记"1"表示杂费率,"3"表示杂费总价),并按海关规定的"货币代码表"选择填报相应的币种代码。

应计入完税价格的杂费填报为正值或正率,应从完税价格中扣除的杂费填报为负值或负率。

24．合同协议号

本栏目填报进出口货物合同(包括协议或订单)编号。

25．件数

本栏目填报有外包装的出口货物的实际件数。特殊情况填报要求如下：

(1)舱单件数为集装箱的,填报集装箱个数。

(2)舱单件数为托盘的,填报托盘数。

本栏目不得填报为零,裸装货物填报为"1"。

26. 包装种类

本栏目应根据出口货物的实际外包装种类，按海关规定的"包装种类代码表"选择填报相应的包装种类代码。

27. 毛重（千克）

本栏目填报出口货物及其包装材料的重量之和，计量单位为千克，不足1千克的填报为"1"。

28. 净重（千克）

本栏目填报出口货物的毛重减去外包装材料后的重量，即货物本身的实际重量，计量单位为千克，不足1千克的填报为"1"。

29. 集装箱号

本栏目填报装载出口货物（包括拼箱货物）集装箱的箱体信息。一个集装箱填一条记录，分别填报集装箱号（在集装箱箱体上标示的全球唯一编号）、集装箱的规格和集装箱的自重。非集装箱货物填报为"0"。本栏目以"集装箱号"+"/"+"规格"+"/"+"自重"的方式填报。多个集装箱的，第一个集装箱号填报在"集装箱号"栏中，其余的按此格式依次填报在"标记唛头及备注"栏中。如一批货物装在一个20英尺的集装箱里，集装箱号为COSU4012387，自重2275千克，则本栏目填写"COSU4012387/20/2275"。

30. 随附单证

本栏目根据海关规定的"监管证件代码表"选择填报除本规范第十八条规定的许可证件以外的其他出口许可证件或监管证件代码及编号。格式为："监管证件代码"+"："+"监管证件编号"。所申报货物涉及多于一个监管证件的，其余监管证件的代码和编号以同样的格式填在"标记唛头及备注"栏中。

优惠贸易协定项下出口货物，本栏目填报原产地证书代码和编号。

31. 生产厂家

出口货物本栏目填报其境内生产企业。

32. 标记号码及备注

本栏目填报要求如下：

（1）标记号码中除图形以外的文字、数字。

（2）申报时其他必须说明的事项填报在本栏目。

33. 项号

本栏目分两行填报及打印。第一行填报报关单中的商品顺序编号；第二行专用于加工贸易、减免税等已备案、审批的货物，填报和打印该项货物在《加工贸易手册》或《征免税证明》等备案、审批单证中的顺序编号。

优惠贸易协定项下实行原产地证书联网管理的报关单，第一行填报报关单中的商品顺序编号，第二行填报该项商品对应的原产地证书上的商品项号。

34. 商品编号

本栏目应填报由《中华人民共和国进出口税则》确定的进出口货物的税则号列和《中华人民共和国海关统计商品目录》确定的商品编码，以及符合海关监管要求的附加编号组成的10位商品编号。

35. 商品名称、规格型号

本栏目分两行填报及打印。第一行填报出口货物规范的中文商品名称，第二行填报规格型号。

具体填报要求如下:

(1) 商品名称及规格型号应据实填报,并与进出口货物收发货人或受委托的报关企业所提交的合同、发票等相关单证相符。

(2) 商品名称应当规范,规格型号应当足够详细,以能满足海关归类、审价及许可证件管理要求为准,可参照《中华人民共和国海关进出口商品规范申报目录》中对商品名称、规格型号的要求进行填报。

36．数量及单位

本栏目分三行填报及打印。

(1) 第一行应按进出口货物的法定第一计量单位填报数量及单位,法定计量单位以《中华人民共和国海关统计商品目录》中的计量单位为准。

(2) 凡列明有法定第二计量单位的,应在第二行按照法定第二计量单位填报数量及单位。无法定第二计量单位的,本栏目第二行为空。

(3) 成交计量单位及数量应填报并打印在第三行。

(4) 法定计量单位为"千克"的数量填报,特殊情况下填报要求如下:

① 装入可重复使用的包装容器的货物,应按货物扣除包装容器后的重量填报,如罐装同位素、罐装氧气及类似品等。

② 使用不可分割包装材料和包装容器的货物,按货物的净重填报(即包括内层直接包装的净重重量),如采用供零售包装的罐头、化妆品、药品及类似品等。

③ 按照商业惯例以公量计价的商品,应按公量填报,如未脱脂羊毛、羊毛条等。

④ 采用以毛重作为净重计价的货物,可按毛重填报,如粮食、饲料等大宗散装货物。

⑤ 采用零售包装的酒类、饮料,按照液体部分的重量填报。

37．最终目的国(地区)

填报已知的出口货物的最终实际消费、使用或进一步加工制造国家(地区)。不经过第三国(地区)转运的直接运输货物,以运抵国(地区)为最终目的国(地区);经过第三国(地区)转运的货物,以最后运往国(地区)为最终目的国(地区)。同一批出口货物的最终目的国(地区)不同的,应分别填报最终目的国(地区)。出口货物不能确定最终目的国(地区)时,以尽可能预知的最后运往国(地区)为最终目的国(地区)。

本栏目应按海关规定的"国别(地区)代码表"选择填报相应的国家(地区)名称及代码。

38．单价

本栏目填报同一项号下出口货物实际成交的商品单位价格。无实际成交价格的,本栏目填报单位货值。

39．总价

本栏目填报同一项号下出口货物实际成交的商品总价格。无实际成交价格的,本栏目填报货值。

40．币制

本栏目应按海关规定的"货币代码表"选择相应的货币名称及代码填报,如"货币代码表"中无实际成交币种,需将实际成交货币按申报日外汇折算率折算成"货币代码表"列明的货币填报。

41. 征免

本栏目应按照海关核发的《征免税证明》或有关政策规定,对报关单所列每项商品选择海关规定的《征减免税方式代码表》中相应的征减免税方式填报。

42. 税费征收情况

本栏目供海关批注进(出)口货物税费征收及减免情况。

43. 录入员

本栏目用于记录预录入操作人员的姓名。

44. 录入单位

本栏目用于记录预录入单位名称。

45. 申报单位

自理报关的,本栏目填报进出口企业的名称及海关注册编码;委托代理报关的,本栏目填报经海关批准的报关企业名称及海关注册编码。

本栏目还包括报关单左下方用于填报申报单位有关情况的相关栏目,包括报关员、报关单位地址、邮政编码和电话号码等栏目。

46. 填制日期

本栏目填报申报单位填制报关单的日期。本栏目为8位数字,顺序为年(4位)、月(2位)、日(2位)。

47. 海关审单批注及放行日期(签章)

本栏目供海关作业时签注。

HS 编码

海关编码即 HS 编码,其全称为《商品名称及编码协调制度的国际公约》,简称协调制度,是 1983 年 6 月海关合作理事会(现名世界海关组织)主持制定的一部供海关、统计、进出口管理及与国际贸易有关各方共同使用的商品分类编码体系。HS 编码涵盖了《海关合作理事会税则商品分类目录》(CCCN)和联合国的《国际贸易标准分类》(SITC)两大分类编码体系,是系统的、多用途的国际贸易商品分类体系。它主要用于海关税则和贸易统计。HS 的总体结构包括三大部分:归类规则;类、章及子目注释;按顺序编排的目与子目编码及条文。

HS 采用六位数编码,把全部国际贸易商品分为 22 类,98 章。章以下再分为目和子目。商品编码第一、二位数码代表"章",第三、四位数码代表"目"(Heading),第五、六位数码代表"子目"(Subheading)。前 6 位数是 HS 国际标准编码,HS 有 1241 个四位数的税目,5113 个六位数子目。有的国家根据本国的实际,已分出第七、八、九位数码。

在 HS 中,"类"基本上是按经济部门划分的,如食品、饮料和烟酒在第四类,化学工业及其相关工业产品在第六类,纺织原料及制品在第十一类等。HS"章"分类基本采取两种办法:一是按商品原材料的属性分类,相同原料的产品一般归入同一章。章内按产品的加工程度从原料到成品顺序排列。如 52 章棉花,按原棉、已梳棉、棉纱、棉布顺序排列。二是按商品的用途或性能分类。制造业的许多产品很难按其原料分类,尤其是可用多种材料制作的产品或由混合材料制成的产品及机电仪产品等,HS 按其功能或用途分为不同的章,而不考虑其使用何种原料,章内再按原料或加工程序排列出目或子目。

模块五 提单的缮制与签发

能力目标：能够正确填写提单
知识目标：掌握提单的类型及填写方法

提单资料核对

工作情境：5月18日，捷达公司在上海出入境检验检疫局凭换证凭条换取出境货物通关单（见表4-10）。

报关后，师傅让小张积极与正兴公司小李沟通，获取提单补充资料，并让小张认真核对小李传真过来的资料。审核无误后，小张把资料传真给船公司中海集运。中海集运套上提单格式后，回传给小张，小张回传给正兴小李。小李确认无误后，小张告知中海集运，按此提单签发正本提单。海关放行后，货物装船，船公司签发正本提单。

表4-10 中华人民共和国出入境检验检疫
出境货物通关单

编号：430006789012345

1. 发货人 湖州正兴进出口有限公司 ***		5. 标记及号码	
2. 收货人 *** ***			
3. 合同/信用证号 ZC090210/***	4. 输往国家或地区 荷兰		
6. 运输工具名称及号码 船舶***	7. 发货日期 2013.5.21	8. 集装箱规格及数量 ***	
9. 货物名称及规格 针织衫 *** （以下空白）	10. H.S.编码 6204430090 *** （以下空白）	11. 申报总值 130536.00 美元 *** （以下空白）	12. 数/重量，包装种类及数量 17640 件 *620 纸箱 *** （以下空白）

续表

13. 证明	上述货物业经检验检疫,请海关予以放行。 本通关单有效期至 2013 年 签字　　　　（盖章）　　　　日期　　2013 年
14. 备注	

成果检验：请帮助小张审核提单确认通知书（见表 4-11），并给出修改意见。

表 4-11　提单确认通知书

提单确认通知书

TO：中海集运
发件时间：

发货人 Shipper: ZHENGXING IMP&EXP. CO.,LTD. 21 WEST ZHONGSHANROAD, HUZHOU	B/L NO 提单号：	HJSHBI 1520876	
	选择提单是否电放：	□ 电放	✓ 正本
	客户编号：		
收货人 Consignee: TO ORDER OF SHIPPER	我司编号：		
	发件人：	捷达国际货代有限公司	
	提单类型：	船公司提单	
通知人 Notify Party: 38 QUEENSWAY,ROTTERDAM	备注 Note:		
Vessel Voyage: 船名航次： DONGFANG V.190	Port of Loading: 起运港： SHANGHAI	海外代理：	
Port of Discharge: 卸货港：	Final Destination: 目的港： ROTTERDAM		

标记及号码	件数 Pkgs	货物描述 Description of goods	毛重 G.W (kgs)	体积（立方米） Dimensions
MANDARS TXT200710 ROTTERDAM C/NO.:1－620	500 CARTONS	KNITTED SWEATER SIX HUNDRED AND TWENTY CARTONS ONLY SAY CY TO CY	23660 kgs FREIGHT PREPAID	56.8CBM

箱号封号	GANE100067、GANE100068

修改如下：

_____

_____

_____

_____

知识链接

货物装船后，由船公司签发海运提单。

一、提单的定义

提单(Bill of Lading,B/L)是用以证明海上货物运输合同和货物已经由承运人接收或者装船，以及承运人保证据以交付货物的单证。提单中载明的向记名人交付货物，或者按照指示人的指示交付货物，或者向提单持有人交付货物的条款，构成承运人据以交付货物的保证。提单说明了货物运输有关当事人，如承运人、托运人和收货人之间的权利与义务。

二、提单的功能

简单来说，提单具备以下三大功能。

(一) 货物收据

提单是承运人或其代理人签发的货物收据，证明已按提单所列内容收到货物。

(二) 物权凭证

提单是一种货物所有权的凭证。提单的合法持有人凭提单可在目的港向轮船公司提取货物，也可以在载货船舶到达目的港之前，通过转让提单而转移货物所有权，或凭以向银行办理押汇货款。

(三) 运输合同

提单是海上货物运输合同成立的证明文件，提单上印就的条款规定了承运人与托运人之间的权利、义务，而且提单也是法律承认的处理有关货物运输的依据，因而常被人们认为提单本身就是运输合同。

三、提单的种类

(一) 按货物是否装船划分

根据货物是否装船，可分为已装船提单和备运提单。已装船提单(On Board B/L)，是指承运人已将货物装上指定的船只后签发的提单。这种提单的特点是提单上面有载货船舶名称和装货日期。备运提单(Received for Shipment B/L)，是指承运人收到托运的货物待装船期间，签发给托运人的提单。这种提单上面没有装船日期，也无载货的具体船名。在国际贸易中，一一般都必须是已装船提单。《跟单信用证统一惯例》规定,在信用证无特殊规定的情况下,要求卖方必须提供已装船提单。银行一般不接受备运提单。

(二)按货物表面状况是否有不良批注划分

根据货物表面状况是否有不良批注,分为清洁和不清洁提单。清洁提单(Clean B/L),是指货物装船时,表面状况良好,承运人在签发提单时未加任何货损、包装不良或其他有碍结汇批注的提单。不清洁提单(Unclean B/L or Foul B/L),是指承运人收到货物之后,在提单上加注了货物外表状况不良或货物存在缺陷和包装破损的提单。

下列3种内容的批注不能视为不清洁:第一,不明白地表示货物或包装不能令人满意,如只批注"旧包装"、"旧箱"、"旧桶"等;第二,强调承运人对于货物或包装性质所引起的风险不负责任;第三,否认承运人知悉货物内容、重量、容积、质量或技术规格。在使用信用证支付方式时,银行一般不接受不清洁提单。有时在装船时会发生货损或包装不良,托运人常要求承运人在提单上不作不良批注,而向承运人出具保函,也称赔偿保证书,保证如因货物破坏残损以及承运人因签发清洁提单而引起的一切损失,由托运人负责。承运人则给予灵活,签发清洁提单,便于在信用证下结汇。对这种保函,有些国家法律和判例不予承认,如美国法律认为这是一种欺骗行为。所以,使用保函时要视具体情况而定。

(三)按收货人抬头划分

根据收货人抬头,分为记名提单、不记名提单和指示提单。记名提单(Straight B/L),又称收货人抬头提单,它是指在提单的收货人栏内,具体写明了收货人的名称。由于这种提单只能由提单内指定的收货人提货,所以提单不易转让。不记名提单(Open B/L),又称空白提单,是指在提单收货人栏内不填明具体的收货人或指示人的名称而留空的提单。不记名提单的转让不需任何背书手续,仅凭提单交付即可,提单持有者凭提单提货。指示提单(Order B/L),是指收货人栏内,只填写"凭指示"(To order)或"凭某人指示"(To order of …)字样的一种提单。这种提单通过背书方式可以流通或转让。

(四)按运输方式划分

根据运输方式分为直达提单、转船提单和联运提单。直达提单(Direct B/L),是指轮船装货后,中途不经过转船而直接驶往指定目的港,由承运人签发的提单。转船提单(Transshipment B/L),是指货物经由两程以上船舶运输至指定目的港,而由承运人在装运港签发的提单。转船提单内一般注明"在某港转船"的字样。联运提单(Through B/L),是指海陆、海空、海河、海海等联运货物,由第一承运人收取全程运费并负责代办下程运输手续并在装运港签发的全程提单。卖方可凭联运提单在当地银行结汇。

转船提单和联运提单虽然包括全程运输,但签发提单的承运人一般都在提单上载明只负责自己直接承运区段发生货损,只要货物卸离他的运输工具,其责任即告终止。

(五)按提单内容的繁简划分

根据提单内容的繁简分为全式提单和略式提单。全式提单(Long From B/L),是指大多数情况下使用的既有下面内容又带有背面提单条款的提单。背面提单条款详细规定了承运人

与托运人的权利与义务。略式提单(Short Form B/L),是指省略提单背面条款的提单。

(六)按提单的签发时间划分

倒签提单(Anti-dated B/L),是指承运人应托运人的要求,签发提单的日期早于实际装船日期的提单,以符合信用证对装船日期的规定,便于在该信用证下结汇。装船日期的确定,主要是通过提单的签发日期证明的。提单日期不仅对买卖双方有着重要作用,而且银行向收货人提供垫款和向发货人转账,对海关办理延长进口许可证,对海上货物保险契约的生效等都有密切关系。因此,提单的签发日期必须依据接受货物记录和已装船的大副收据签发。在出口业务中,往往在信用证即将到期或不能按期装船时,采用倒签提单。有人认为倒签提单是解决迟期装船的有效方式,用起来特别随便,好像是一种正常签发提单的方式。但根据国际贸易惯例和有关国家的法律实践,错填提单日期,是一种欺骗行为,是违法。

预借提单(Advanced B/L)又称无货提单,是指因信用证规定装运日期和议付日期已到,货物因故而未能及时装船,但已被承运人接管,或已经开装而未装毕,托运人出具保函,要求承运人签发已装船提单。预借提单与倒签提单同属一种性质,为了避免造成损失,尽量不用或少用这两种提单。

四、提单的内容

海运提单内容分为正面内容和背面内容。

(一)正面内容

海运提单正面记载了有关货物和货物运输的事项。这些事项有的是有关海运提单的国内立法或国际公约规定的,作为运输合同必须记载的事项,如果漏记或错记,就可能影响提单的证明效力;有的则是为了满足运输业务的需要而由承运人自行决定,或经承运人与托运人协议,认定为应该在提单正面记载的事项。前者称为必要记载事项,后者称为任意记载事项。

提单的记载事项包括下列各项:

(1)关于货物的描述:货物的品名、标志、包数或者件数、重量或者体积,以及运输危险货物时对危险性质的说明;

(2)关于当事人:托运人和收货人的名称、承运人的名称和主要经营业场所;

(3)关于运输事项:船舶名称和国籍、装货港和在装货港接受货物的日期、卸货港和运输路线、多式联运提单增列接受货物地点和交付货物地点;

(4)关于提单的签发:提单的签发日期、地点和份数;承运人、船长或者其代理人的签字;

(5)关于运费和其他应付给承运人的费用的记载。

(二)背面内容

提单的背面印有各种条款,一般分为两类:一类属于强制性条款,其内容不能违背有关国家的海商法规、国际公约或港口惯例的规定,违反或不符合这些规定的条款是无效的。一类是任意性条款,即上述法规、公约和惯例没有明确规定,允许承运人自行拟订的条款。所有这些条款都是表明承运人与托运人以及其他关系人之间承运货物的权利、义务、责任与免责的条款,是解决他们之间争议的依据。

五、提单的填写方法

船公司一般都有自己的提单格式,但提单所要填写的内容基本一致。下面,我们以中远提单样本为例(见表4-12),介绍提单的填写方法。

表 4-12 海运提单样本

(1) SHIPPER		(10) B/L NO.: CARRIER: COSCO 中国远洋运输(集团)总公司 CHINA OCEAN SHIPPING (GROUP) CO. ORIGINAL COMBINED TRANSPORT BILL OF LADING
(2) CONSIGNEE		
(3) NOTIFY PARTY		
(4) PLACE OF RECEIPT	(5) OCEAN VESSEL	
(6) VOYAGE NO.	(7) PORT OF LOADING	
(8) PORT OF DISCHARGE	(9) PLACE OF DELIVERY	
(11) MARKS (12) NOS.& KINGS OF PKGS. (13) DESCRIPTION OF GOODS (14) G.W. (15) MEAS(M3) (16) CONTAINER NO.			
(17) TOTAL NUMBER OF CONTAINERS OR PACKAGES (IN WORDS)			

FREIGHT & CHARGES	REVENUE TONS	RATE	PER	PREPAID	COLLECT
PREPAID AT	PAYABLE AT			(21) PLACE AND DATE OF ISSUE	
TOTAL PREPAID	(18) NUMBER OF ORIGINAL B(S)L				
LOADING ON BOARD THE VESSEL (19) DATE　　　　(20) BY				(22) SIGNED ON BEHALF OF THE CARRIER FOR AND ON BEHALF OF COSCO AS CARRIER	

1. 托运人(Shipper)

即与承运人签订运输契约,委托运输的货主,又叫发货人。在信用证支付方式下,一般以受益人为托运人;托收方式以托收的委托人为托运人。另外,根据《跟单信用证统一惯例》第31条规定:除非信用证另有规定,银行将接受表明以信用证受益人以外的第三者为发货人的运输单据。

2. 收货人（Consignee）

收货人要按合同和信用证的规定来填写。一般的填法有下列几种：

（1）记名式：在收货人一栏直接填写上指定的公司或企业名称。该种提单不能背书转让，必须由收货人栏内指定的人提货或收货人转让。

（2）不记名式：即在收货人栏留空不填，或填"To Bearer"（交来人/持票人）。这种方式承运人交货给提单的持有人，只要持有提单就能提货。

（3）指示式：指示式的收货人又分为不记名指示和记名指示两种。

不记名指示，是在收货人一栏填"To Bearer"，又称空白抬头。该种提单，发货人必须在提单背面背书，才能转让。背书又分为记名背书和不记名背书（空白背书）两种。前者是指在提单背面填上"Deliver to ×××""Endorsed to ×××"，然后由发货人签章；后者是发货人在背面不做任何说明只签章即可。记名背书后，其货权归该记名人所有，而且该记名人不可以再背书转让给另外的人。不记名背书，货权即归提单的持有人。

记名指示，是在收货人一栏填"To Order of Shipper"，此时，发货人必须在寄单前在提单后背书；另外还有凭开证申请人指示即 L/C 中规定"To Order of Applicant"，在收货人栏就填"To Order of ××× Co"；凭开证行指示，即 L/C 中规定"To Order of Issuing Bank"，则填"To Order of ×××Bank"。

3. 被通知人（Notify Party）

原则上该栏一定要按信用证的规定填写。被通知人即收货人的代理人或提货人，货到目的港后承运人凭该栏提供的内容通知其办理提货，因此，提单的被通知人一定要有详细的名称和地址，供承运人或目的港及时通知其提货。若 L/C 中未规定明确地址，为保持单证一致，可在正本提单中不列明，但要在副本提单上写明被通知人的详细地址。托收方式下的被通知人一般填托收的付款人。

4. 船名（Ocean Vessel）

船名即由承运人配载的装货的船名，班轮运输多加注航次（Voy. No.）。

5. 装运港（Port of Loading）

填实际装运货物的港名。L/C 项下一定要符合 L/C 的规定和要求。如果 L/C 规定为"中国港口"（Chinese Port）此时不能照抄，而要按装运的我国某一港口实际名称填。

6. 卸货港（Port of Discharge）

原则上，L/C 项下提单卸货港一定要按 L/C 规定办理。但若 L/C 规定两个以上港口者，或笼统写"××主要港口"如"European Main Ports"（欧洲主要港口）时，只能选择其中之一或填明具体卸货港名称。

如果 L/C 规定卸货港名后有"In Transit to ××"只能在提单上托运人声明栏或唛头下方空白处加列。尤其我国只负责到卸货港而不负责转运者，不能在卸货港后加填，以说明卖方只负责到卸货港，以后再转运到何地由买方负责。

另外，对美国和加拿大 O. C. P（Overland Common Points）地区出口时，卸货港名后常加注"O. C. P ××"。例如 L/C 规定："Los Angeles O. C. P Chicago"，可在提单目的港填制：Los Angeles O. C. P；如果要求注明装运最后城市名称，可在提单的空白处和唛头下加注"O. C. P. Chicago"，以便转运公司办理转运至"Chicago"。

7. 唛头(Shipping Marks /Marks & Nos.)

如果信用证有明确规定,则按信用证缮制;信用证没有规定,则按买卖双方的约定,或由卖方决定缮制,并注意做到单单一致。

8. 包装与件数(No. & kind of Packages)

一般散装货物该栏只填"In Bulk",大写件数栏可留空不填。单位件数与包装都要与实际货物相符,并在大写合计数内填写英文大写文字数目。如总件数为320 Cartons 填写在该栏项下,然后在总件数大写栏(Total Numbers of Packages in Words)填写:Three Hundred And Twenty Cartons Only。如果货物包括两种以上不同包装单位(如纸箱、铁桶),应分别填列不同包装单位的数量,然后再表示件数。

9. 商品名称(描述)(Description of Goods)

原则上提单上的商品描述应按信用证规定填写并与发票等其他单据相一致。但若信用证上货物的品名较多,提单上允许使用类别总称来表示商品名称。如出口货物有餐刀、水果刀、餐叉、餐匙等,信用证上分别列明了各种商品名称、规格和数量,但包装都用纸箱,提单上就可以笼统写:餐具×××Cartons。

10. 毛重和体积(Gross Weight & Measurement)

除非信用证有特别规定,提单上一般只填货物的总毛重和总体积,而不表明净重和单位体积。一般重量均以公斤表示,体积用立方米表示。

11. 运费支付(Freight & Charges)

信用证项下提单的运费支付情况,按其规定填写。一般根据成交的价格条件分为两种:若在 CIF 和 CFR 条件下,则注明"Freight Prepaid"或"Freight Paid";FOB 条件下则填"Freight Collect"或"Freight Payable at Destination"。若租船契约提单有时要求填:"Freight Payable as Per Charter Party"。有时信用证还要求注明运费的金额,按实际运费支付额填写即可。

12. 签发地点与日期(Place and Date of Issue)

提单的签发地点一般在货物运港所在地,日期则按信用证的装运期要求,一般要早于或与装运期为同一天。有时由于船期不准,迟航或发货人造成迟延,使实际船期晚于规定的装期,发货人为了适应信用证规定,做到单证相符,要求船方同意以担保函换取较早或符合装运期的提单,这就是倒签提单(Anti-dated B/L);另外,有时货未装船或未开航,发货人为及早获得全套单据进行议付,要求船方签发已装船提单,即预借提单(Advanced B/L)。这两种情况是应该避免,如果发生问题,或被买方察觉,将会造成巨大经济损失和不良影响。

13. 承运人签章(Signed for the Carrier)

提单必须由承运人或其代理人签字才能生效。若信用证要求手签的也要照办。签署人可以是承运人或作为承运人的具名代理人或代表,或船长或作为船长的具名代理人或代表。

14. 提单签发的份数(No. of Originals B/L)

信用证支付方法下提单正本的签发份数一般都有明确规定,因此,一定要按信用证的规定出具要求的份数。例如信用证规定:"Full set、3/3 Original clean on board ocean Bill of Lading…",这就表明提单签发的正本三份,在提交给银行议付时必须是三份正本。若在提单条款上未规定份数,而是在其他地方指明:"…available by beneficiary's draft at sight drawn on us and accompanied by the following documents in duplicate",表明信用证所要求提交的单据,当然包括提单,全都是一式两份。

15. 提单号码(B/L NO.)

一般位于提单的右上角,是为便于工作联系和核查,承运人对发货人所发货物承运的编号。其他单据中,如保险单、装运通知的内容往往也要求注明提单号。

六、提单的使用

(一) 提单的签发

1. 提单的签发人

有权签发提单的有船长、承运人或其代理人。承运人或其代理人签发时必须表明其身份。特别要注意的是,代理人代表承运人或船长签字或证实时,必须表明所代表的委托人的名称和身份,即注明代理人是代表承运人还是代表船长签字。

(1) 承运人签发。如:ABC as carrier

(2) 船长签发。Captain bush as master

(3) 代理人签发。由承运人代理人签发提单必须经承运人的委托授权,未经授权,代理人是无权签发提单的。由代理人签发时,必须有代理人名称和身份。

如:XYZ(代理人)as agent for ABC(被代理人) as carrier

2. 提单签发地和日期

提单的签发地一般为装运港地点,当然也可以是承运人公司所在地或其他地点。提单的签发日期应与货物实际装船的日期一致,不能提前或延后,否则将使提单变成倒签提单、预借提单和顺签提单,承运人将面临较大风险。UCP600明确规定:提单日期即是装船完毕日。

(二) 提单的更正与补发

1. 提单的更正

提单的更正要尽可能赶在载货船舶开航之前办理,以减少因此而产生的费用和手续。在实际业务中,提单可能是在托运人办妥托运手续后,货物装船前,在缮制有关货运单证的同时缮制的。在货物装船后,这种事先缮制的提单可能与实际装载情况不符而需要更正或者重新缮制。此外,货物装船后,因托运货物时申报材料有误,或者信用证要求的条件有所变化,或者其他原因,而由托运人提出提单内容的要求,在这种情况下,承运人通常都会同意托运人提出的更正提单内容的合理要求,重新缮制提单。

如果货物已经装船,而且已经签署了提单后托运人才提出更正的要求,承运人就要考虑各方面的关系后,才能决定是否同意更改。因更改内容而引起的损失和费用,都由提出更改要求的托运人负担。

2. 提单的补发

如果提单签发后遗失,托运人提出补发提单,承运人会根据不同情况进行处理。一般是要求提供担保或保证金,而且还要按照一定的法定程序将提单声明作废。

(三) 提单的缴还

收货人提货时,必须以提单为凭证,而承运人为交付货物时也必须收回提单并在提单上做作废批注(有的国家允许记名提单无需缴还)。提单的缴还和注销表明承运人已完成交货义务,运输合同完成,提单下的债权债务也已解除。如果承运人交货时没有收回提单通常被认为是无单放货,承运人必须承担赔偿责任。特殊的提单放货方式主要有电放和异地收回提单放货两种。

电 放 提 单

一、电放的定义

电放是指货代公司根据托运人要求,向船公司提出申请,在不签发正本提单或收回已签发的全部正本提单前提下,以电讯方式(包括电报、电信等)通知其在目的港的代理,将运输的货物交付给提单上载明的收货人。使用电放放货,并非不出提单,只是不出正本提单,而出提单副本。

托运人申请电放,通常要其出具公司保函。保函的内容通常有:托运人的名称、船名及航次、提单号码、开航日及货代无条件免责条款。当承运人同意电放后,有的出具电放信,有的给出一个电放号(如密码一样,为阿拉伯数字或英文字母)。

二、不同情形下电放提单的操作

(一)不签发任何提单

1. 由承运人将船东提单的副本传给货代。

2. 货代将该提单副本传真给托运人予以确认。

3. 托运人确认后,填写电放申请书传给货代;电放申请书上常有此句:Please kindly release cargo to Consignee here below without presentation of the original ××× Bill of Lading.(×××代表 Carrier's Name 或货代名)——在不提交×××公司的正本 B/L 下请将此票货放给以下载明之收货人。

4. 货代将电放申请书传给承运人。

5. 承运人同意电放的,在货物装船后,将电放信或者电放号由货代传给托运人。

6. 托运人将电放信或者电放号传给收货人,收货人凭该电放信或者电放号及提单的副本在目的港承运人代理处提货。

(二)船东提单用电放,货代签发正本货代提单

此种情况下,承运人将提单副本传给货代,由其确认,提单上的托运人填货代名,收货人填货代在目的港的代理;货代在确认后,提出电放申请;承运人同意的,将电放信或者电放号传给货代;最后由货代在目的港的代理人从承运人目的港代理人处中提货。

(三)船东签发正本提单,货代提单用电放

操作基本与上一种类似,此处为由承运人签正本提单给货代,提单上的托运人为货代,收货人为货代在目的港的代理,货代目的港的代理凭正本提单提货。货代与托运人之间用电放,收货人凭电放信或者电放号,在目的港从货代代理人处提走货物。

模块六　货运单证流转

能力目标：能够明确各货运单证的当事人
知识目标：了解货运涉及的单证及单证的流转程序

 任务训练

货运单当事人填写

工作情境：师傅告诉小张，在整个货运环节中，涉及很多的单证。要清楚单证的流转程序，及相关当事人。请帮助小张完成货运单证当事人的填写(见表4-13)。

成果检验：

表4-13　货运单证相关当事人

单证	签发人	持单人
托运单		
装货单		
收货单		
海运提单		
装货清单		
舱单		
货物积载图		
运费清单		
提货单		

 知识链接

一、货运单证

（一）托运单

托运单(Booking Note,B/N)俗称"下货纸"，是托运人根据贸易合同和信用证条款内容填制的，向承运人或其代理办理货物托运的单证。

（二）装货单

装货单(Shipping Order,S/O)是接受了托运人提出装运申请的船公司，签发给托运人，凭以命令船长将承运的货物装船的单据。装货单的作用：装船依据；货主向海关办理出口货物申报手续的主要单据之一；托运人办妥货物托运的证明；船公司接受装运该批货物的证明。

（三）收货单

收货单（Mates Receipt，M/R）又称大副收据，是船舶收到货物的收据及货物已经装船的凭证。船上大副根据理货人员在理货单上所签注的日期、件数及舱位，并与装货单进行核对后，签署大副收据。

九联单各联的作用：

第一联：订舱人留底，用于缮制船务单证；

第二、三联：运费通知联，其中一联留存，另一联随账单向托运人托收运费；

第四联：装货单；

第五联：收货单；

第六联：配舱人（船舶配载员）留底；

第七、八联为配舱回单；

第九联：缴纳出口货物港务费申请书，港区凭以向托运人收取港杂费。

（四）海运提单

海运提单（Bill of Lading，B/L）是指证明海上运输活动成立，承运人已接管货物或已将货物装船并保证在目的地交付货物的单证。提单是一种货物所有权凭证。提单持有人可据以提取货物，也可凭此向银行押汇，还可在载货船舶到达目的港交货之前进行转让。

（五）装货清单

装货清单（Loading List，L/L）是承运人根据装货单留底，将全船待装货物按目的港和货物性质归类，依航次、靠港顺序排列编制的装货单汇总清单，其内容包括装货单编号、货名、件数、包装形式、毛重、估计尺码及特种货物对装运的要求或注意事项的说明等。

（六）舱单

舱单（Manifest，M/F）是按照货物逐票罗列全船载运货物的汇总清单。它是在货物装船完毕之后，由船公司根据收货单或提单编制的。其主要内容包括货物详细情况，装卸港、提单号、船名、托运人和收货人姓名、标记号码等，此单作为船舶运载所列货物的证明。

（七）货物积载图

货物积载图（Cargo Plan）是按货物实际装舱情况编制的舱图。它是船方进行货物运输、保管和卸货工作的参考资料，也是卸港据以理货、安排泊位、货物进舱的文件。

（八）运费清单

运费清单（Freight Manifest，F/M）是根据 B/L 副本、M/R 而编制的出口载货运费清单，一般由船代公司编制。

（九）提货单

提货单（Delivery Order，D/O）是收货人凭正本提单或副本提单随同有效的担保向承运人或其代理人换取的、可向港口装卸部门提取货物的凭证。

二、海运各环节涉及的单证

货物由发货人托运开始至收货人提取货物为止,几种主要海运单证及其流转程序如下。

（一）装船单证

1. 托运人办理的装船单证

托运人填制托运联单(包括托运单、装货单、收货单等)后,向承运人的代理人办理托运,代理人接受承运后,将承运的船名填入联单内,留存托运单,其他联退还托运人,托运人凭以到海关办理出口报关手续;海关同意放行后,即在装货单上盖放行章,托运人凭以向港口仓库发货或直接装船;然后将装单、收货单送交理货公司,船舶抵港后,凭此理货装船,每票货物都装上船后,大副留存装货单,签署收货单;理货公司将收货单退还托运人,托运人凭收货单向代理人换取提单,托运人凭提单等到银行办理结汇,并将提单寄交收货人。

2. 承运人办理的装船单证

承运人的代理人依据托运单填制装货清单和载货清单,根据承运人的要求,依据装货清单编制货物积载图,船舶抵港后,送大副审核签字后,船方留存一份,提供给代理人若干份,转寄承运人的卸货港代理人;编制分舱单;代理人根据装船实际情况,修编载货清单,经大副签字后,向海关办理船舶离境手续;依据载货清单填制运费清单,寄往承运人的卸货港代理人和船公司。

（二）卸船单证

1. 收货人办理的卸船单证

收货人收到正本提单后,向承运人的代理人换取提货单;代理人签发提货单后,须保持正本提单、舱单和提货单内容相一致;收货人凭提货单向海关办理放行手续后,再到港口仓库或船边提取货物;货物提清后,提货单留存港口仓库备查;收货人实收货物少于提单或发生残损时,须索取货物溢短单或货物残损单,并凭以通过代理人向承运人索赔。

2. 承运人办理的卸船单证

承运人的代理收到舱单、货物积载图、分舱单后向海关办理船舶载货入境手续,并向收货人发出到货通知书,同时将上述单证分送港口、理货等单位;船舶抵港后,理货公司凭舱单理货,凭货物积载图指导卸货,当货物发生溢短或原残时,编制货物溢短单或货物残损单,经大副签认后,提供有关单位。

三、货运单证的流转程序

货运单证流转程序如图4-4所示。

1. 托运人向代理公司办理货物托运手续。
2. 代理公司同意承运后,签发装货单(S/O),并要求托运人将货物送至指定的装船地点。
3. 托运人持代理公司签发的装货单和二联(收货单)送海关办理出口报关手续。然后,装货单和收货单送交理货公司。
4. 代理公司根据S/O留底编制装货清单(L/L)送船舶。

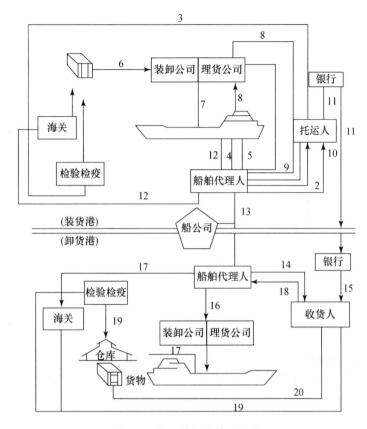

图 4-4 货运单证流转示意图

5. 船上大副根据 L/L 编制货物配载图（C/P）交代理公司分送理货、装卸公司等按计划装船。

6. 托运人将货物送码头仓库，期间商检和海关到港口检验、验关。

7. 货物装船后，理货组长将 S/O 和收货单（M/R）交大副核对无误后，留下 S/O，签发收货单。

8. 理货组长将大副签发的 M/R 交托运人。

9. 托运人持 M/R 到代理公司处支付运费（在预付运费情况下）提取提单（B/L）。

10. 代理公司审核无误后，留下 M/R，签发 B/L 给托运人。

11. 托运人持 B/L 到议付银行结汇，议付银行将 B/L 邮寄到开证银行。

12. 代理公司编制出口载货清单（M/F），向海关办理船舶出口手续，并将 M/F 交船随带。

13. 代理公司根据 B/L 副本编制出口载货运费清单（F/M），连同 B/L 副本送交船公司，并邮寄或交船带交卸货港的代理公司。

14. 卸货港的代理公司接到船舶抵港电报后，通知收货人船舶到港日期。

15. 收货人到银行付清货款，取回 B/L。

16. 卸货港代理公司根据装货港代理公司寄来的货运单证，编制进口载货清单等卸货单据，约定装卸公司，联系泊位，做好卸货准备工作。

17. 卸货港代理公司办理船舶进口报关手续。

18. 收货人向卸货港代理公司付清应付费用后,以正本提单换取提货单(D/O)。
19. 收货人持D/O送海关办理进口报关手续。
20. 收货人持D/O到码头仓库提取货物。

海上货物跟踪

货物出运后,相关当事人可以利用承运人网站上的货物跟踪模块,通过输入提单号或者集装箱箱号及时获取有关货物运输状态的信息,以便做好货物跟踪,及时掌握货物的动向。

货物跟踪平台有利于客户及时了解货物的状态信息,可以知道货物是否将按照预定的时间抵达目的港,若发现货物无法在预定时间抵港,则有助于查明原因并及时采取措施,从而做好接货的准备工作,对于提高接货效率有很大的帮助。

网上货物信息的查询主要分为以下几个步骤:

第一步,登录承运人公司网站。

如:中远集团网站(http://www.coscon.com/home.screen)

第二步,输入订舱号、提单号或者集装箱号进行查询。

这种通过电子数据交换(EDI)技术及时获取有关货物的运输状态信息的方法,有利于为客户提供差异化的承运人服务,加快了货物的流转速度,提高了为客户服务的水平。

模块七　货代费用结算

能力目标:能够正确核算货代业务相关费用
知识目标:了解货代业务费用的构成与应收账款的风险防范

 任务训练

货代相关费用核算

工作情境:货物抵达目的港后,小张在师傅的指导下,按照运输协议等资料与正兴公司小李结算相关费用。师傅给了小张一张"货代业务费用核算表"(见表4-14),请帮助小张认真核算本票业务中涉及的相关费用,完成表格的填写。

成果检验：

表4-14 货代业务费用核算表

TO：湖州正兴进出口有限公司				DATE：	
ATTN：	TEL：		FAX：		
提单号：					
船公司：					
船期：					
海运费：					
始发地本地费用：					
费用	币种	单位	价格	备注	
报关费	RMB	票	100		
文件费	RMB	票	300		
订舱费	RMB	20′	280		
THC	RMB	20′			
拖车费	RMB	20′			
报检费	RMB	票			

知识链接

一、货代业务相关费用

货代业务中主要涉及两大费用：海运费和转运费。

（一）海运费

海运价格除了"纯"运费外，还有各种杂费，这些杂费有些是船东收取的，有些是装运港/目的港码头收取的，还有些是货代自己立名目收取的。很多费用并无明确的标准，非常灵活。除了向发货人收取外，有些费用还会向收货人（也就是咱们的国外客户）收取。

我们需要对运杂费的构成有一定了解，学会分辨"行规"收费项目和乱收费。常见的杂费包括：

1. 起运港码头附加费(Origin Receiving Charge, ORC)；
2. 目的港提货费(Destination Delivery Charge, DDC)；
3. 码头操作(吊柜)费(Terminal Handling Charge, THC)；
4. 燃油附加费, 或称FAF(Bunker Adjusted Factor, BAF)；
5. 货币贬值附加费(Currency Adjustment Factor, CAF)；
6. 文件费(Document, DOC)；
7. 旺季附加费(Peak Season Surcharge, PSS)；
8. 美国舱单系统(America Manifest System, AMS)。

世界上大多数班轮公司在核算集装箱的海运运价时，整箱货一般都采用包箱费率(Box Rates)，这种包箱费率一般都包括集装箱的海上运费与在装、卸船港码头的装卸费用。

集装箱港口装卸费一般也是以箱为单位计收的,大多采用包干费形式(装卸包干费与中转包干费)。另外在运输全过程中,集装箱在起运地、中转地、终点堆场存放超过规定的免费堆存期时收取的滞期费一般也是按箱天数计收的。

(二) 转运费

转运费指由发货地运往集装箱码头堆场或由集装箱码头堆场运往交货地的费用。经由水路和陆路的转运运费如下。

1. 集散运输费

集散运输费指将集装箱货物由收货地经水路(内河、沿海)运往集装箱码头堆场间的运费。

2. 内陆运输费

内陆运输费指经陆路(公路或铁路)将集装箱货物在港口与交货地之间的运费。采用陆路运输时,通常可由承运人或货主自行负责运输。如果由承运人运输,费用包括区域运费(空、重箱运费)、拖运费、变更装箱地点费、装箱时间延迟费及清扫费;由货主自行运输时,承运人通常根据协议将空箱出借给货主或将重箱交由货方自行负责拖运,费用仅包括集装箱装卸车费、超期使用费等。

(三) 其他费用

其他费用主要包括以下四个方面:

1. 订舱费:一般来说 RMB290/20′,RMB420/40′GP/HQ。
2. 报关费:人民币 100～120/份。
3. 做箱费(内装/门到门):一般 RMB150～200。
4. 其他应考虑的费用:冲港费/冲关费、商检、动植检、提货费、快递费、电放费、提单更改费等。

二、货代费用的结算方式

(一) 票结

票结是指每票货物结算一次,可以是预付也可以是到付。采用票结时国际货代公司要注意以下几点。

1. 要求货主在委托国际货代公司操作开始前,将空白支票或现金交给国际货代公司,国际货代公司出具收据。
2. 国际货代公司在每票货物操作完毕后,从该支票或现金直接支取费用。
3. 货主支票空头或透支或预缴现金不足,应在国际货代公司通知后立即补齐,并按逾期时间支付违约金。
4. 非因国际货代公司原因产生的超出结算期限的未结费用,货主应在接到国际货代公司通知后立即支付,并按逾期时间支付违约金。
5. 国际货代公司出具发票给货主应当是在各项费用结清后,此前可以应对方的需要出具收据。

(二) 月结

月结是指不按每票走货结账,而是按月结清所涉费用。月结一般是到付,如果货物运输跨月度进行也可能采用预付。采用月结时,国际货代公司应当注意以下几点。

1. 国际货代公司于次月×日之前提供前一个月的费用结算清单给货主核对(货主也可随时向国际货代公司索要)。

2. 货主必须于×日前对之进行核对,并以书面形式向国际货代公司确认或提出异议,否则视为同意。

3. 货主对国际货代公司出具的费用结算清单全部或部分有异议的,应于×日前,就确认或没有异议的部分按时支付,不得拒付全部费用。

4. 对于货主有异议的全部或部分费用,国际货代公司应立即与货主协商,并于货主提出书面异议的一周内重新制作费用结算清单给货主。

5. 货主若需要由第三人支付费用给国际货代公司的,必须告知国际货代公司,并对该款项承担连带清偿责任。

6. 国际货代公司对货主所付费用,应立即开具发票或收据给货主。

7. 国际货代公司在代垫金额较大的情况下,有权要求货主先行支付代垫费用。

8. 国际货代公司保有应收费用的增补权。

三、货代费用的风险与防范

(一) 货代应收费用面临的风险

货代公司一般需为客户先垫付运费、港杂费等各项费用,货物运输完成后,货代公司按双方约定的费用及实际操作中发生的费用,为客户开具发票,客户收到发票后,按发票金额付款,这个过程就产生了应收账款,同时也可能会带来以下几个风险。

1. 双方事先对可能发生的费用并不确定,运输过程往往又比较复杂,可能会有新的付费项目产生;公司垫付有关费用后,一旦客户不予认可,就会产生拒付纠纷;

2. 用先垫后收的结算方式,可能造成信誉差的客户拖欠费用。因为公司已向第三方支付了费用,客户如果不及时付款,那么就会占用公司的经营资金,影响公司的正常运转。特别是货量大时,公司前期垫付的费用比较多,资金压力也比较大。公司如果不能及时收到款,营运资金就会被长期占用,损失就比较大;

3. 业务中先开发票,方便了客户,但可能会给那些不守信用的客户提供了钻空子的机会,以收到发票为由,说明自己已付费,在我国,目前发票是付款凭证,客户拿到发票,在没有相反证据的情况下,往往是认定了付款义务。这就要求公司在业务中要规范结算行为,防范风险的发生。

(二) 货代收费的风险防范

通过以上的风险提示,货代公司可通过以下几方面对业务结算进行规范,防范控制风险。

1. 双方对费用结算内容、方式和时间的约定要详尽、具体,能提前确定收费项目,应明确收费标准;对实际操作中新增费用的垫付及结算原则上应明确规定;这样有便于以后的催款工作,防止或减小呆账、坏账的产生;

2. 对客户进行信用评估,根据不同信用等级采取不同的结算方式,一般对信用等级高的长期客户,可以采取定期结算的方式,定期进行对账,客户核对无误后付款,公司为其开具正式发票;对于货量大、运费比较高的业务,可以要求客户预付一定费用,在实际操作中新发生的费用项目,要及时通知客户进行确认;对于信用等级低,仅有零星业务的客户,应采取票结或预付运费的做法;

3. 加强发票管理,建立发票的保管、开具、领取制度,做好发票的交付签收记录;

4. 在操作过程中,按票做好业务交接单,在一定时期内统计有多少未收款在信用期内,又有多少未收款超过了信用期及超过了时间的长短和款项所占的比例,分析是否可能成为坏账,这时要根据账龄长短,制订可行的收款方法,采用灵活多样的催款方式,设法收回应收款,例如,可以用 E-mail、电话、MSN 追踪;上门催讨;运用法律手段等。

应收款的法定期限是逾期两年内,过了有效期就丧失了追回欠款的权利,所以必须力争在有效期内收回款项。

不同航线使用的费用代码

一、美国航线使用的代码

OWS（Overweight Surcharge）超重附加费

ACC（Alameda Corridor Charge）绿色通道费

FSC（Fuel Surcharge）燃油附加费

GRI（Gen Rate Increase）综合费率上涨附加费

ORC（Original Receiving Charge）启运港接货费

PSS（Peak Season Surcharge）旺季附加费

PCF（Panama Canal Fee）巴拿马运河费

EBS（Emergent Bunker Surcharge）紧急燃油附加费

CUC（Chassis Usage Charge）托盘使用费

SPS（Shanghai Port Surcharge）上海港附加费

ERS（EQUIP. REST. SURCH）空箱调运费

CAF（Currency Adjustment Factor）币值调整费

IAC（Intermodel Administrative Charge）多式联运附加费

AFC（AMS Filing Charges）美国自动报关费

EER（Emergent Equip. Rest.）Surcharge 紧急空箱调运费

二、欧地航线使用的代码

EMS（Emergency Surcharge）紧急战争附加费

SCF（Suez Canal Fee）苏伊士运河费

PCS（Port Congestion Surcharge）港口拥挤费

WTS（Winter Surcharge）冬季附加费

TDC（T-document fees）中转单证费（T：transfer）

三、澳洲航线使用的代码

LLO（Lift on / Lift off）上下车费

PSC（Port Service Charge）港口服务费

四、日韩线使用的代码

CYC（CY Handling Charge）日本港口操作附加费

SPS（Shanghai Port Surcharge）上海港附加费

YAS（Yen Applica Surcharge）日元货币附加费

五、印度航线使用的代码

IIC（Indian Inland Charge）印度内陆费

项目小结

一、学习重点

1. 学习出口订舱的步骤和订舱单的填写方法。
2. 学习集装箱装箱方式和做箱涉及的单据。
3. 学习报关的步骤和报关单的填写方法。
4. 学习报检的步骤和报检单的填写方法。
5. 学习提单的分类和提单的填写方法。
6. 学习货运业务的单证流转和货物跟踪方法。

二、水平测试

捷达国际货运有限公司操作员小徐接到业务部的订单及相关业务资料,客户要求提供已装船清洁提单,货代代办报关、报检、货物拖装,凭正本提单放货,不接受电放。请帮助小徐完成相关操作:

(一)相关资料
1. 信用证资料
Irrevocable documentary credit
Number:LC666-12345678
Date:March 5,2011
Date and place of expiry:April 30,2011 Shanghai,China
Advising bank:Bank of China
Beneficiary:China AAA Import and Export Corp.
Applicant:U. K. BBB Corp.
Shipment from Shanghai to London,on or about April 5,2011
Partial shipments:Not allowed
Transshipment:Not allowed
Description of goods:100% Cotton Towel as per S/C No. CH2011
Total amount:USD 10000(SAY US DOLLARS TEN THOUSANDS ONLY)
Total quantity:200 Cartons
Total gross weight:17300 KGS
Total measurement:26 CBM
Price term:CIF London,U. K.
Following documents required:
+ Signed commercial invoice in triplicate
+ Packing list in triplicate
+ Full set of three clean on board ocean bills of lading made out to order of shipper and en-dorse in blank and marked "freight prepaid" and notify applicant+ Insurance Policy in du-

plicate for full CIF value plus 10％ covering All Risks as per Ocean Marine Cargo Clauses of the PICC dated 01/01/1981 and stating claims in London，U. K. in the urrency of the credit.

2. 其他资料

Ocean Vessel：LINHUA Voy. No. ：005E

Invoice No. ：AAA2011—0218

B/L No. ：0688

Container No. ：CBHU0180286

（二）操作要求

1. 根据以上内容填写以下报关单、报检单。

中华人民共和国出入境检验检疫出境货物报检单

报检单位（加盖公章）：					*编号 _____	
报检单位登记号：		联系人：	电话：		报检日期： 年 月 日	

发货人	（中文）
	（外文）
收货人	（中文）
	（外文）

货物名称（中/外文）	H.S.编码	产地	数/重量	货物总值	包装种类及数量

运输工具名称号码		贸易方式		货物存放地点	
合同号		信用证号		用途	
发货日期		输往国家（地区）		许可证／审批号	
启运地		到达口岸		生产单位注册号	
集装箱规格、数量及号码					

合同、信用证订立的检验检疫条款或特殊要求	标记及号码	随附单据（划"√"或补填）	
		□合同	□包装性能结果单
		□信用证	□许可/审批文件
		□发票	□
		□换证凭单	□
		□装箱单	□
		□厂检单	

需要证单名称（划"√"或补填）				*检验检疫费	
□品质证书 __正__副	□植物检疫证书 __正__副		总金额（人民币元）	
□重量证书 __正__副	□熏蒸/消毒证书 __正__副			
□数量证书 __正__副	□出境货物换证凭单 __正__副		计费人	
□兽医卫生证书 __正__副				
□健康证书 __正__副			收费人	
□卫生证书 __正__副				
□动物卫生证书 __正__副				

报检人郑重声明： 1. 本人被授权报检。 2. 上列填写内容正确属实，货物无伪造或冒用他人的厂名、标志、认证标志，并承担货物质量责任。 签名：_____	领 取 证 单	
	日期	
	签名	

注：有"*"号栏由出入境检验检疫机关填写　　　　　　　　　　◆国家出入境检验检疫局制

中华人民共和国海关出口货物报关单

预录入编号：　　　　　　　　海关编号：

出口口岸		备案号		出口日期	申报日期
经营单位		运输方式		运输工具名称	提运单号
发货单位		贸易方式		征免性质	结汇方式
许可证号		运抵国（地区）		指运港	境内货源地
批准文号		成交方式	运费	保费	杂费
合同协议号		件数	包装种类	毛重（公斤）	净重（公斤）
集装箱号		随附单据			生产厂家
标记唛码及备注					
项号　商品编号　商品名称、规格型号　数量及单位　最终目的地（地区）　单价　总价　币制　征免					

税费征收情况					
录入员	录入单位	兹声明以上申报无讹并承担法律责任		海关审单批注及放行日期（签章）	
				审单	审单
报关员		申报单位（签章）			
单位地址				征税	统计
邮编　　电话　　填制日期				查验	放行

2. 填写以下海运集装箱提单。

(1) SHIPPER		(10) B/L NO.: CARRIER: COSCO 中国远洋运输(集团)总公司 CHINA OCEAN SHIPPING (GROUP) CO. ORIGINAL COMBINED TRANSPORT BILL OF LADING
(2) CONSIGNEE		
(3) NOTIFY PARTY		
(4) PLACE OF RECEIPT	(5) OCEAN VESSEL	
(6) VOYAGE NO.	(7) PORT OF LOADING	
(8) PORT OF DISCHARGE	(9) PLACE OF DELIVERY	

(11) MARKS (12) NOS.&KINGS OF PKGS. (13) DESCRIPTION OF GOODS (14) G.W. (15) MEAS(M3) (16) CONTAINER NO.				
(17) TOTAL NUMBER OF CONTAINERS OR PACKAGES (IN WORDS)				
FREIGHT & CHARGES	REVENUE TONS	RATE	PER	PREPAID	COLLECT
PREPAID AT	PAYABLE AT		(21) PLACE AND DATE OF ISSUE	
TOTAL PREPAID	(18) NUMBER OF ORIGINAL B(S)L		(22) SIGNED ON BEHALF OF THE CARRIER FOR AND ON BEHALF OF COSCO AS CARRIER	
LOADING ON BOARD THE VESSEL (19) DATE (20) BY				

三、知识测试

1. 我国办理出境货物检验检疫手续的一般程序是(　　)。
   A. 报检→领取《出境货物通关单》→联系检验检疫
   B. 报检→联系检验检疫→领取《出境货物通关单》
   C. 联系检验检疫→报检→领取《出境货物通关单》
   D. 联系检验检疫→领取《出境货物通关单》→报检

2. 根据《中华人民共和国进出口关税条例》的规定,下列表述正确的是(　　)。
   A. 适用最惠国税率的进口货物有暂定税率的,应当适用最惠国税率
   B. 适用协定税率的进口货物有暂定税率的,应当从高适用税率
   C. 适用特惠税率的进口货物有暂定税率的,应当从低适用税率
   D. 适用普通税率的进口货物有暂定税率的,应当适用暂定税率

3. （　　）一经签订,运输合同即告成立,船货双方都应受到约束。
  A. 收货单　　　　B. 托运单　　　　C. 装货单　　　　D. 装货清单
4. （　　）是承运人通知装运船舶接货装船的命令。
  A. 收货单　　　　B. 装货单　　　　C. 托运单　　　　D. 装货清单
5. 海关对船舶载货航行进出国境进行监管的单据是（　　）。
  A. 载货清单　　　B. 装货单　　　　C. 装货清单　　　D. 收货单
6. 提单收货人一栏内写有"凭指示"字样,该提单为（　　）。
  A. 指示提单　　　B. 记名提单　　　C. 不记名提单　　D. 简式提单
7. 某货主委托国际货运代理企业办理一票集装箱海运出口货运事宜,要求承运人签发海运单。请写出海运单流转程序。

项目五
航空货代业务操作

采用航空运输方式进出口货物,需要办理一定的手续,如出口货物在始发机场交给航空公司承运之前的销售、接货、订舱、制单、报关和交运等;进口货物在目的地机场从航空公司接货、接单、报关、送货或转运等。这类业务航空公司一般不负责办理,因而专门承办此类业务的行业——航空货运代理便应运而生了。航空货运代理作为货主和航空公司之间的桥梁和纽带,既可以是货主的代理,代替货主向航空公司办理托运或提取货物;也可以是航空公司的代理,帮助航空公司揽取货物,出具航空公司的主运单和自己的分运单。

在这一阶段的学习中,我们要学会根据外贸合同履行的具体需要办理货物的托运手续,填制相关的航空运输单据,缴纳相应的航空运输费用,合理有效地安排货物的运输。

模块一　航空货物运输概述

能力目标:能够选择适合航空运输的货物
知识目标:掌握航空运输的特点和航空运输载体

任务训练

空运货物识别

工作情境:接下来,师傅让小张熟悉其他货运业务。今天有多批货物要办理运输:
1. 喜兴贸易有限公司委托办理 6000 条手机织带出口美国纽约,要求两天内到达。
2. 恒顺贸易有限公司委托办理 1 吨大豆出口日本横滨。
3. 四喜贸易有限公司委托办理 500 千克冻虾出口日本。
4. 恒发贸易有限公司委托办理价值 5000 美元共计 5 箱的丝织品出口英国。

每批货物的货主都非常着急,希望捷达国际货运有限公司能够尽快安排货物的出运。师傅要求小张将货物进行分类,指出哪些货物适合用航空运输的方式。

成果检验:

请帮小张做出判断,以上业务中适合航空运输的货物有:_____

知识链接

航空运输是一种现代化的运输方式,它与海洋运输、铁路运输相比,具有运输速度快、货运质量高,且不受地面条件的限制等优点。

一、航空运输的特点

国际航空货物运输虽然起步较晚,但发展极为迅速,这与它独特的优势是分不开的。航空运输相对于其他运输方式而言,具有以下特点。

1. 运输速度快

现代喷气式运输机时速一般都在1450km左右,协和式飞机时速可达2173km。航空线路不受地面限制,一般可实现两点之间直线飞行,可以满足一些特殊商品对运输时间短的要求,比如海鲜、活动物等易腐货物,或者是一些对时间要求特别高的商品,例如需要及时上市的服装等。

2. 安全准确

航空运输管理制度比较完善,且飞机的飞行较为平稳,同时航空集装设备的设计和使用,都使得航空货物运输的破损率低,被盗窃机会少,可保证运输质量。飞机航行有一定的班期,世界各航空公司都非常重视正点率,可以保证货物按时到达。

3. 手续简便

航空运输为了体现其快捷便利的特点,为托运人提供了简便的托运手续,也可以由货运代理人上门取货,并为其办理一切运输手续。通过货运代理人送货上门,实现"门到门"的运输服务,极大地便利了托运人和收货人。

4. 节省包装、保险、利息和存储等费用

航空运输速度快,商品在途时间短,周期快,存货可相对减少,资金可迅速收回,从而大大节省贷款利息费。航空货物运输途中货损、货差较少,货物包装可以相对简化,从而可降低包装费用和保险费用。

5. 运价较高、载货量较少、易受天气影响

航空运输也有其缺点。航空运输的运价较高,例如从中国到美国西海岸,空运运价至少是海运运价的10倍以上;由于飞机本身载重、容积的限制,航空运输的货运量较少,与动辄几万吨、十几万吨的海运船舶载重量相比少很多;航空运输易受天气影响,遇到大雨、大风、雾等恶劣天气,航班就不能保证,可能导致货物的延误及损失。

二、航空公司

航空公司是以飞机为运输工具为乘客和货物提供民用航空服务的企业,它们一般需要官方认可的运行证书或批准。它们通常自己拥有飞机,但也可以通过租赁的方式。

航空公司一般既有两字代码,也有三字代码,但通常使用的是两字代码(如表5-1所示)。例如中国国际航空公司,两字代码为CA。该公司目前共拥有以波音、空中客车为主的各型飞机393架,定期航班通航全球29个国家和地区,其中包括47个国际城市、91个国内城市和3个地区;通过与星空联盟成员等航空公司的合作,将服务进一步拓展到181个国家的1160个目的地。

表 5-1　常见的航空公司代码

航空公司名称	两字代码	所在国家/地区
中国国际航空公司	CA	中国
中国南方航空公司	CZ	中国
中国东方航空公司	MU	中国
美洲航空公司	AA	美国
中华航空公司	CI	中国台湾
国泰航空公司	CX	中国香港
港龙航空公司	KA	中国香港
……	……	……

三、航空港

航空港又称航空站或机场,是供飞机起飞、降落和停放及组织、保障飞行活动的场所。航空站通常由跑道、滑行道、停机坪、指挥调度塔或管制塔、助航系统、输油系统、维护修理基地、消防设备、货栈以及航站大楼等建筑和设施组成。国际航空港则是经政府核准对外开放,并设有海关、移民、检疫及卫生机构,供国际航线上的飞机起降和营运的航空港。

世界上现代化、专业化程度较高的大型国际航空货运机场有美国的芝加哥机场、德国的法兰克福机场、荷兰阿姆斯特丹的希普霍尔机场、英国的希思罗机场、法国的戴高乐机场、日本的成田机场以及香港新启用的机场等。这些机场有现代化的导航设备和庞大的客货运中心,备有现代化的全货机码头、仓库,专门用于货运,这些现代化的装备可大大提高货机的装卸速度。近年,随着我国民航事业的快速发展,国内的北京首都机场、上海浦东机场也逐渐成为世界重要的航空枢纽。机场通常也用三字代码表示(如表 5-2 所示)。

表 5-2　常见的机场三字代码

中国全称	三字代码	所在国家
首都国际机场	PEK	中国
戴高乐机场	CDG	法国
成田机场	NRT	日本
大阪关西国际机场	KIX	日本
杜勒斯国际机场	IAD	美国
希思罗国际机场	LHR	英国
奥黑尔国际机场	ORD	美国

四、飞机

常见的飞机有螺旋桨式飞机、喷气式飞机和超音速飞机。螺旋桨式飞机是目前世界各国普遍使用的一种机型。具体而言,这种飞机的优点是:结构简单、制造、维修方便,速度快,节省燃料费用,装载量大,使用效率高。飞机按载运量还可分为普通型和高载量型;按机身宽度可分为窄体飞机和宽体飞机;按用途又可分为客机、全货机和客货混合型飞机。

飞机的舱位一般分为上舱和下舱。除全货机外，一般客货两用的混合型飞机，都是上舱运客，下舱运货，因此，用来运货的舱位小，货运量有限。有一些飞机的舱位是可变形舱，如将上舱的椅子拆除后可用来装货，运送旅客时再将椅子装上。也有一些机型较新的飞机，其下舱有空气调节装置，可承运活动物；而机型较陈旧的飞机，下舱没有空气调节装置，只能承运普通货物。

飞机有装载限制。首先是重量限制。飞机制造商规定了每一货舱可装载货物的最大重量，任何情况下，所装载的货物数量都不可以超过此限额。否则，飞机的结构很可能遭到破坏，飞机安全受到威胁。其次是容积限制。由于货舱内可利用的空间有限，因此有容积限制。承运人有时候会提供一些货物的密度参数作为混运装载的依据，例如：每立方米的服装类货物约为120.0千克。第三是舱门限制。为了便于确定一件货物是否能装入货舱，飞机制造商提供了散舱舱门尺寸表。表内数据以厘米/英寸两种计量单位公布。例如：一件尺寸为240cm×70cm×60cm的货物装载在B737散舱内，则货物的长度限额为241cm。最后是地板承受力。如果超过它的承受能力，地板和飞机结构很有可能遭到破坏。比如波音飞机下货舱散舱的地板承受力最大限额为732kg/m^2。在实际操作中，可以按照公式：地板承受力＝货物的重量÷地板接触面积，计算出地板承受货物实际的压强，如果超过飞机的地板承受力的最大限额，应使用2～5cm厚的垫板，加大地面面积，可以按照公式：垫板面积＝货物的重量÷地板承受力限额，来计算出所需垫板的最小面积。

五、航空集装设备

利用集装运输可以提高装卸效率，提升运输质量，节省包装费用，更是开展多式联运的必然要求。

1. 空运集装设备分类

（1）按集装器是否注册，可分为注册的飞机集装器和非注册的飞机集装器。注册的飞机集装器是国家有关部门授权生产的，可以看作为飞机的一部分，适宜于飞机结构和飞行安全。而未经注册的飞机集装器，仅适用于某些特定机型的特定货舱，一般不允许装入飞机主货舱，使用时应特别小心。

（2）按种类，集装器可以分为集装板和网套，结构和非结构集装棚、集装箱（如图5-1所示）。

图 5-1　航空集装器

集装板是带有中间夹层的硬铝合金制成的平板，具有标准尺寸，四边带有卡锁，通过专门的网套来固定货物。

除了板和网外，为保护飞机内壁，充分利用空间，还可在货物和网套之间增加一个金属棚罩，这就构成了非结构的集装棚。结构的集装棚则具有固定在底板上的外壳，不需网套固定。

集装箱类似于结构集装棚,按照使用范围,又可分为空陆联运集装箱、主货舱集装箱;下货舱集装箱,以及一些特殊用途的集装箱(马厩、保温集装箱等),应根据货物和机型合理选择。

2. 集装设备识别代号

集装器代号由五部分组成。第一个字母标明集装器的类型,如 A 代表注册的飞机集装器,P 代表注册的飞机集装板;第二个字母表示集装器的地板尺寸,如 K 表示底板尺寸为 153cm×156cm;第三个字母表示集装器的外形或适配型,如 E 表示适用于 B747、A310、DC10、L1011 下货舱无叉眼装置的半型集装箱;4~8 位的数字是集装器的序号;最后两位是集装器所属航空公司的国际航空运输协会两字代码,如 CZ 代表中国航空公司。

六、航线

飞机在空中飞行,必须有适于飞机航行的通路,经过批准开辟的连接两个或几个地点,进行定期和不定期飞行,经营运输业务的航空交通线即为航线。航线不仅确定了航行的具体方向、经停地点,还根据空中管理的需要规定了航路的宽度和飞行的高度层,以维护空中交通秩序,保证飞行安全。国际航线是指飞机的起讫地点和经停地点跨越国境的航线。由于国际航线需经过其他国家的领空,必须事先经过洽商,获得同意后方可开航。

世界上最繁忙的航空线有:

① 西欧—北美间的北大西洋航空线。该航线主要连接巴黎、伦敦、法兰克福、纽约、芝加哥、蒙特利尔等航空枢纽。

② 西欧—中东间的远东航空线。该航线连接西欧各主要机场至远东的香港、北京、东京等机场。并途经雅典、开罗、德黑兰、卡拉奇、新德里、曼谷、新加坡等重要航空站。

③ 远东—北美间的北太平洋航线。该航线是从北京、香港、东京等机场经北太平洋上空至北美西海岸的温哥华、西雅图、旧金山、洛杉矶等机场的航空线,并可延伸至北美东海岸的机场。太平洋中部的火奴鲁鲁是该航线的主要中继加油站。

此外,还有北美—南美、西欧—南美、西欧—非洲、西欧—东南亚—澳新、远东—澳新、北美—澳新等重要国际航空线。

七、航班

根据班机时刻表在规定的航线上使用规定的机型,按照规定的日期、时刻进行飞行称为航班。从基地站出发的飞行叫去程航班,返回基地站的飞行为回程航班。

航班有定期航班和不定期航班之分。定期航班公布运价和班期,按照双边协定经营,向公众提供运输服务,对公众承担义务。不定期航班多采用包机合同运输,个别申请、个别经营,不对公众承担义务。包机运输方式特别便利运输批量大的、超重的以及活种畜等货物。

八、航空运输业务区

国际航协(IATA)将世界划分为三个航空运输业务区,即 TC1 区、TC2 区、TC3 区,如图 5-2 所示。

TC1 东临 TC2、西接 TC3 区,北起格陵兰岛,南至南极洲。主要包括北美洲、拉丁美洲以及附近岛屿和海洋。TC1 区与 TC2 区的分界线:北起 0°经线,向南约至 74°处折向西南,穿过格陵兰岛与冰岛之间的丹麦海峡,在60°N处沿40°W经线至20°N处,再折向东南,到时赤道处再沿20°W经线向南止于南极洲。

TC1区由相连的南、北美大陆及附近岛屿,格陵兰岛、百慕大群岛、西印度群岛和加勒比岛屿以及夏威夷群岛(含路途岛和巴尔拉环礁)组成。按自然地理划分,以巴拿马运河为界,分为南、北美洲。按政治经济地理划分,则以美、墨边境为界,分为北美洲及拉丁美洲。美洲大陆东临大西洋、西濒太平洋。太平洋天堑阻碍了美洲和其他大洲之间的陆路交通,它与其他各洲之间的交通联系只有通过海洋运输和航空运输来实现。

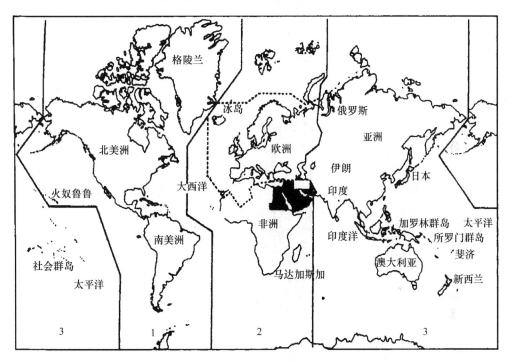

图 5-2 航空运输业务区

模块二　航空运输时差计算

能力目标:能够进行不同地区之间的时差计算,合理安排空运时间
知识目标:掌握飞行时间的计算方法

空运时间计算

工作情境:师傅告诉小张,空运货物通常是一些易腐烂易变质的,对运输时间的要求比较高的货物。面对多家航空公司时,运输时间常常成为选择的关键因素。学会计算航空运输时

间,对货代员来说非常重要。

成果检验:小张接到一单业务,安排一批食品运输至悉尼。这批食品于北京时间1月28日上午8:15从上海起飞,到达悉尼的当地时间是1月28日23:45。请帮小张计算飞行时间。

___

___

 知识链接

在航空货运代理业务中,货代在选择航空公司时,运输时间通常是选择的关键因素。如何正确计算空运时间,对货代来说非常重要。

一、理论时区和区时

1884年10月在华盛顿举行的国际经度会议上,在一系列决议中影响最大的是"采用以通过格林尼治(旧译'格林威治')的本初子午线为基准的时区制"。这种标准时刻规定,根据一日分成24小时的历史传统,全球分成24个时区。各个时区采用各自中央经线经过的地方时间作为全区统一的标准时间即区时。本初子午线所在的时区,叫做零时区,即中央时区,简称中时区。中时区的中央经线,是通过格林尼治天文台原址的0°经线,0°经线向东、向西各7.5°构成中央时区。中时区的区时被称为世界标准时(GMT);再以180°经线为中央经线,各划出7.5°,称为东西十二时区。

国际经度会议所划分的标准时区,只是理论上和原则性的规定,称为理论时区。按理论时区确定的标准时,即为区时。理论时区是按经度来划分的,完全不考虑地球上的海陆分布和政治疆界。

二、法定时区和法定时

世界各国实际使用的时间并非理论时区所确定的区时,而是各国根据本国具体情况自行规定的适用于本国的标准时区即法定时区所确定的法定时。法定时是各国根据具体情况对理论上的标准时进行了调整,并通过各国的立法机关或行政当局以法令形式制定和颁布。例如,我国实行单一的法定时,即北京时间。我国领土跨5个理论时区,即东5区至东9区,本应使用5种不同的区时,但为了便于不同地区的联系和协调,新中国成立后,全国通用唯一的法定时——北京时间。理论时区的划分不考虑海路分布状况,也不考虑国家政区界线,完全是根据经线划分的。法令时区在陆地上通常是以自然或政区界线为界,界线一般是不规则的。因此,理论时区和区时仅具有理论意义;法定时区和法定时则具有实际作用。理论时区和区时是基础,法定时区和法定时则是对理论时区和区时的变通。

三、飞行时间的计算

飞行时间计算一般按照如下步骤:
1. 从国际时间换算表(如表5-3所示)中找到出始发站和目的站的标准时间。
2. 将起飞和到达的当地时间换算成世界标准时(GMT)。

3. 用到达时间减去起飞时间,即是飞行时间。

例:货物从北京直接运往悉尼。于北京时间1月28日下午15:15从北京起飞,到达悉尼的当地时间是1月29日上午6:15,计算飞行时间?

解:第一步:从国际时间换算表中找到出始发站和目的站的标准时间。

PEK＝GMT＋08:00

SYD＝GMT＋10:00

第二步:将起飞和到达的当地时间换算成世界标准时(GMT)。

PEK15:15－08:00(GMT)＝ GMT 7:15

SYD6:15＋24－10:00(GMT)＝ GMT20:15

第三步:用到达时间减去起飞时间,即是飞行时间。

20:15－7:15＝13(小时)

表5-3　2011年国际时间换算表(international time calculator)节选

国家和地区	标准时差	夏令时差	夏令时使用时段
A			
阿富汗	＋4:30		
阿尔巴尼亚	＋1	＋2	3月27至9月24
……	……	……	……
澳大利亚			
西澳洲	＋8		
南澳洲	＋9:30	＋10:30	10月31日至次年3月5日
……	……	……	……
新南威尔士州	＋10	＋11	10月31日至次年3月5日
……	……	……	……
中国	＋8		
……	……	……	……

模块三　航空货运业务分类

能力目标:能够根据货物实际,选择合适的航空货运方式

知识目标:掌握班机运输的特点和流程

任务训练

特殊货物空运处理

工作情境:通过前期对航空运输相关基础知识的了解,小张对开展航空货代业务更加有信心了。他开始在锦程物流网站上发布信息,招揽航空货运业务。在处理了几单业务后,师傅告诉小张,航空货代业务的完成需要注意许多细节的处理,特别是一些特殊商品的运输。

现在,小张接到一个订单,货主委托将5箱毛重为30千克的线圈从宁波通过航空运输运往韩国仁川。

成果检验: 请帮助小张分析如何处理这5箱线圈。

 知识链接

航空货运业务一般分为班机运输业务、包机运输业务、集中托运业务、包集装器运输业务和国际航空快递业务五大类。

一、班机运输业务

（一）班机运输概述

班机运输是指在固定的航线上定期航行的航班。这种运输方式有固定的始发站、途经站和目的站。班机运输按照业务的对象不同,分为客运航班和货运航班。货运班机大多使用全货机进行货物运输。

班机运输具有固定的航线、固定的停靠港、固定的班期、相对固定的收费标准等特点,有利于收发货人掌握货物的起运和到达时间,并可对运输成本进行预期核算,使国际贸易货物能安全、迅速、准确地运达世界各地并投入市场。由于班机运输发送和运输快,特别适合于时令性强的商品、紧急物资、鲜活易腐货物以及贵重货物的运送,因此,颇受贸易界人士的欢迎。班机运输大多使用客货混合型飞机,由于货物舱位有限,不能满足大批量货物的及时出运,只能分期分批运输,使得班机运输在大批量货物运输方面有一定的局限性。

（二）班机货运代理出口业务流程

1. 市场销售

货代企业需及时向出口单位介绍本公司的业务范围、服务项目、各项收费标准,特别是向出口单位介绍本公司的优惠运价,介绍本公司的服务优势等。承揽货物处于整个航空货物出口运输业务程序的核心地位。

2. 委托运输

由托运人自己填写货运托运书(如表5-4所示)。托运书应包括下列内容栏:托运人、收货人、始发站机场、目的地机场、要求的路线/申请订舱、供运输用的声明价值、供海关用的声明价值、保险金额、处理事项、货运单所附文件、实际毛重、运价类别、计费重量、费率、货物的品名及数量、托运人签字、日期等。航空货运代理公司根据委托书办理出口手续,并据以结算费用。因此"国际货物托运书"是一份重要的法律文件。在接受托运人委托后,单证操作前,货运代理公司的指定人员对托运书进行审核或称之为合同评审。审核的重点是价格和航班日期。

3. 审核单证

单证应包括:发票、装箱单、托运书、报关单、外汇核销单、许可证、商检证、进料/来料加工核销本、索赔/返修协议、到付保函、关封。

表 5-4 国际货物托运书

国 际 货 物 托 运 书

托运人姓名、地址、电话号码 SHIPPER'S NAME.ADDRESS& TELEPHONE NO.	托运人帐号 SHIPPER'S ACCOUNT NUMBER	航空货运单号码 AIR WAYBILL NUMBER	
		安全检查 SAFETY INSPECTION	
收货人姓名、地址、电话号码 CONSIGNEE'S NAME. ADDRESS&TELEPHONE NO.	收货人帐号 CONSIGNEE'S ACCOUNT NUMBER	是否定妥航班日期吨位 BOOKED	
		航班/日期 FLIGHT/DATE	航班/日期 FLIGHT/DATE
		预付 PP	到付 CC
		供运输用声明价值 DECLATED VALUE FOR CARRIAGE	供海关用声明价值 DECLARED VALUE FOR CUSTOMS
始发站 AIRPORT OF DEPARTURE BEIJING,CHINA	目的站 AIRPORT OF DESTINATION	保险价值 AMOUNT OF INSURANCE	
		另请通知 ALSO NOTIFY	
填开货运单的代理人名称 ISSUING CARRIER'S AGENT NAME			
储运注意事项及其他 HANDLING INFORMATION AND OTHERS			
		随附文件 DOCUMENT TO ACCOMPANY AIR WAYBILL	

件数 NO.OF PCS. 运价点 RCP	毛重 (千克) GROSS WEIGHT (KG)	运价种类 RATE CLASS	商品代码 COMM. ITEM NO	收费重量 (千克) CHARGEABLE (KG)	费率 RATE/KG	货物品名(包括包装、体积或尺寸) NATURE AND QUANTITY OF GOODS (INCL.PACKAGING DIMENSIONS OR VOLUMS)

托运人证实以上所填内容全部属实并愿遵守承运人的一切运输章程 THE SHIPPER CERTIFIES THAT THE PARTICULARS ON THE FACE HEREOF ARE CORRECT AND AGREES TO THE CONDITIONS OF CARRIAGE OF THE CARRIER	航空运费和其他费用 WEIGHT CHARGE AND OTHER CHARGES
托运人或其代理人签字、盖章: SIGNATURE OF SHIPPER OR HLS AGENT	承运人签字 SIGNATURE OF LSSUING CARRIER OR ITS AGENT_____ 日期 DATE_____

4. 预配舱

代理人汇总所接受的委托和客户的预报,并输入电脑,计算出各航线的件数、重量、体积,按照客户的要求和货物性质(重货还是轻货)情况,根据各航空公司不同机型对不同板箱的重量和高度要求,制定预配舱方案,并对每票货配上运单号。

5. 预订舱

代理人根据所指定的预配舱方案,按航班、日期打印出总运单号、件数、重量、体积,向航空公司预订舱。

6. 接受单证

接受托运人或其代理人送交的已经审核确认的托运书及报送单证和收货凭证。将收货记录与收货凭证核对,制作操作交接单,填上所收到的各种报关单证份数,给每份交接单配一份总运单或分运单。将制作好的交接单、配好的总运单或分运单、报关单证移交制单。

7. 填制货运单

航空货运单包括总运单和分运单,填制航空货运单的主要依据是发货人提供的国际货物委托书,委托书上的各项内容都应体现在货运单项式上,一般用英文填写。

8. 接受货物

接收货物,是指航空货运代理公司把即将发运的货物从发货人手中接过来并运送到自己的仓库。接收货物一般与接单同时进行。对于通过空运或铁路从内地运往出境地的出口货物,货运代理按照发货人提供的运单号、航班号及接货地点日期,代其提取货物。如货物已在始发地办理了出口海关手续,发货人应同时提供始发地海关的关封。接货时应对货物进行过磅和丈量,并根据发票、装箱或送货单清点货物,和对货物的数量、品名、合同号或唛头等进行核对,确定其是否与货运单上所列一致。

9. 标记和标签

标记:包括托运人、收货人的姓名、地址、联系电话、传真、合同号等;操作(运输)注意事项;单件超过150公斤的货物要做标注。

标签:航空公司标签上三位阿拉伯数字代表所承运航空公司的代号,后八位数字是总运单号码。分标签是代理公司对出具分标签的标志,分标签上应有分运单号码和货物到达城市或机场的三字代码。

一件货物贴一张航空公司标签,有分运单的货物,再贴一张分标签。

10. 配舱

核对货物的实际件数、重量、体积与托运书上预报数量的差别。对预订舱位、板箱进行有效的利用和合理搭配,按照各航班机型、板箱型号、高度、数量进行配载。

11. 订舱

接到发货人的发货预报后,向航空公司领取并填写订舱单,同时提供相应的信息:货物的名称、体积、重量、件数、目的地、要求出运的时间等。航空公司根据实际情况安排舱位和航班。货运代理订舱时,可依照发货人的要求选择最佳的航线和承运人,同时为发货人争取最低、最合理的运价。订舱后,航空公司签发舱位确认书(舱单),同时为装货集装器领取凭证,以表示舱位订妥。

12. 出口报关

首先将发货人提供的出口货物报关单的各项内容输入电脑,即电脑预录入。在通过电脑填制的报关单上加盖报关单位的报关专用章;然后将报关单与有关的发票、装箱单和货运单综合在一起,并根据需要随附有关的证明文件;以上报关单证齐全后,由持有报关证的报关员正式向海关申报;海关审核无误后,海关官员即在用于发运的运单正本上加盖放行章,同时在出口收汇核销单和出口报关单上加盖放行章,在发货人用于产品退税的单证上加盖验讫章,粘上防伪标志;完成出口报关手续。

13. 出仓单

配舱方案制订后就可着手编制出仓单,包括:出仓单的日期、承运航班的日期、装载板箱形式及数量、货物进仓顺序编号、总运单号、件数、重量、体积、目的地三字代码和备注。

14. 提板、提箱

向航空公司申领板、箱并办理相应的手续。提板、提箱时,应领取相应的塑料薄膜和网。对所使用的板、箱要登记、消号。

15. 货物装板装箱

注意事项:不要用错集装箱、集装板,不要用错板型、箱型;不要超装箱板尺寸;要垫衬,封盖好塑料纸,防潮、防雨淋;集装箱、板内货物尽可能配装整齐,结构稳定,并接紧网索,防止运输途中倒塌;对于大宗货物、集中托运货物,尽可能将整票货物装在一个或几个板、箱内运输。

16. 签单

货运单在盖好海关放行章后还需要到航空公司签单,只有签单确认后才允许将单、货交给航空公司。

17. 交接发运

交接是向航空公司交单交货,由航空公司安排航空运输。

交单就是将随机单据和应有承运人留存的单据交给航空公司。随机单据包括第二联航空运单正本、发票、装箱单、产地证明、品质鉴定证书。

交货即把与单据相符的货物交给航空公司。交货前必须粘贴或拴挂货物标签,清点和核对货物,填制货物交接清单。大宗货、集中托运货,以整板、整箱称重交接。零散小货按票称重,计年交接。

18. 航班跟踪

需要联程中转的货物,在货物运出后,要求航空公司提供二程、三程航班中转信息,确认中转情况。及时将上述信息反馈给客房,以便遇到有不正常情况及时处理。

19. 信息服务

从多个方面做好信息服务:订舱信息、审单及报关信息、仓库收货信息、交运称重信息、一程二程航班信息、单证信息。

20. 费用结算

发货人结算费用:在运费预付的情况下,收取航空运费、地面运输费、各种服务费和手续费。

承运人结算费用:向承运人支付航空运费及代理费,同时收取代理佣金。

国外代理结算主要涉及付运费和利润分成。

(三)班机货运代理进口业务

1. 接单接货

航空货物入境时,与货物有关的单据(运单、发票和装箱单等)也随机到达,运输工具及货物处于海关监管之下。航空公司的地面代理公司(即机场货运站)从飞机卸货后,将货物存入其海关监管库内,同时根据运单上的收货人及地址寄发取单提货通知。若运单上的收货人或通知方为海关及民航总局共同认可的一级航空货运代理公司,则把运输单据及与之相关的货物交给该一级航空货运代理公司。一级航空货运代理公司在与机场货运站办理交接手续时,应根据总运单核对实际货物。若存在有单无货或有货无单的现象,应及时告知机场货运站,并要求其在国际货物交接清单上注明,同时在舱单数据中做相应说明。若发现货物短少、破损或有其他异常情况,应向机场货运站索要商务事故记录,作为实际收货人交涉索赔事宜的根据。

2. 货物驳运进仓

一级航空公司代理公司与机场货运站单货交接手续办理完毕后,要根据货量安排运输工具,驳运至该一级货运代理公司自行使用的海关监管仓库内。

3. 单据录入和分类

为便于用户查询和统计货量,一级航空货运代理公司或海关授权的数据录入公司,负责将每票空运运单的货物信息及实际入库的相关信息,通过终端,输入到海关监管系统内。一般按集中托运货物和单票直单货物,按照不同发货代理、不同实际收货人、收货人所在的特殊监管区域(如出口加工区、保税区等)进行单证分类。集中托运货物需要对总运单项下的货物进行分拨,对每一份分运单对应的货物分别处理。单票直单货物则无需分拨。

4. 发到货通知单

单据录入后,根据运单或合同上的发货人名称及地址寄发到货通知单。到货通知单一般发给实际收货人,告知其货物已到空港,催促其速办报关、提货手续。到货通知单需要填写的项目有:公司名称、运单号、到货日期、应到件数及重量、实到件数及重量、合同号、货物名称、是否为特种货物、货运代理公司业务联系人及其电话等。

5. 制报关单并预录入

制单就是缮制"进口货物报关单"。制单的依据是运单、发票及证明货物合法进口的有关批准文件。因此,制单一般在收到客户的回复及确认,并获得必备的批文和证明之后方可进行。不需批文和证明的,可直接制单。报关单上需由申报单位填报的项目有:进口口岸、经营单位、收货单位、合同号、批准机关及文号、运输工具名称及号码、贸易性质(方式)、贸易国别(地区)、原产国别(地区)、进口日期、提单或运单号、运杂费、件数、毛重、海关统计商品编码、货名规格及货号、数量、成交价格、价格条件、货币名称、申报单位、申报日期,等等。在手工完成制单后,将报关单的各项内容通过终端输入到海关报关系统内,并打印出报关单(一式多联,具体份数按不同贸易性质而定)。完成电脑预录入后,在报关单右下角加盖申报单位的"报关专用章"。然后将报关单连同有关的运单、发票、装箱单、合同,并随附批准货物进口的证明和批文,由经海关认可并持有海关签发的报关员证件的报关员,正式向海关申报。

6. 进行商品的相关检验

根据进口商品的种类和性质,按照进口国家的有关规定,对其进行商品检验、卫生检验、动植物检验等。上述检验前要填制"中华人民共和国出入境检验检疫入境货物报检单",并到当地的出入境检验检疫局进行报检报验。报检报验一般发生在报关前,即"先报检报验、后报关"。报检报验时,一般需由经出入境检验检疫局认可,并持有出入境检验检疫局签发的报验员证件的报验员,凭报关单、发票、装箱单(正本或复印件),向当地的出入境检验检疫局进行报检报验。出入境检验检疫局核查无误后,或当即盖章放行,或加盖"待检章"。如是前者,则单证货物可转入报关程序,且在海关放行后,可直接从监管仓库提货;如是后者,则单证货物可先办理报关手续,海关放行后,必须由出入境检验检疫局对货物进行查验,无误后方能提货。

7. 进口报关

进口报关,就是向海关申报办理货物进口手续的过程。报关是进口程序中最关键的环节,任何货物都必须在向海关申报并经海关放行后才能提出海关监管仓库或场所。报关包含许多环节,大致可分为初审、审单、征税、验放四个阶段。货物放行的前提是海关报关系统终端上显示;必须提供的单证已经齐全;税款和有关费用已经结清;报关未超过报关期限;实际货物与报关单证所列完全一致。放行的标志是在运单正本上加盖放行章。验放关员在放行货物的同时,将报关单据(报关单、运单、发票各一份)及核销完的批文和证明全部留存海关。如果验放关员对货物有疑义,可以要求开箱,查验货物。此时查货与征税查货,其目的有所不同,征税关员查看实物主要是为了确定税率,验放关员查验实物是为了确定货物的物理性质、化学性质以及货物的数量、规格、内容是否与报关单证所列完全一致,有无伪报、瞒报、走私等问题。除经海关总署特准免检的货物以外,所有货物都在海关查验范围之内。

8. 送货或转运

货物无论送到进境地当地还是转运到进境地以外的地区,收货人或其货运代理公司、报关行都必须首先完成清关或转关手续,然后才能从海关监管仓库或场所提取货物。提取货物的凭证是海关及出入境检验检疫局盖有放行章的正本运单。未经海关放行的货物处于海关的监管之下,不能擅自提出监管仓库或场所。货主或其货运代理公司、报关行在提取货物时须结清各种费用,如国际段到付运费、报关费、仓储费、劳务费等。货物出库时,提货人应与仓库保管员仔细检查和核对货物外包装上的合同号、运单号、唛头及件数、重量等与运输单据所列是否完全一致。若出现单货不符或货物短少、残缺或外包装异形,航空货运代理公司应将机场货运站出具的商务事故记录交给货主,以便后者办理必要的索赔事宜。

航空货运代理公司可以接受货主的委托送货上门或办理转运。航空货运代理公司在将货物移交货主时,办理货物交接手续,并向其收取货物进口过程中所发生的一切费用。

二、包机运输业务

(一) 包机运输概述

当货物发运批量大,而班机运输又不能满足需要的情况下,可采用包机运输。包机运输分为整架包机和部分包机两种形式。

1. 整架包机

整架包机,又称整包机,指航空公司或包机代理公司按照与租机人事先约定的条件和费率,将整架飞机租给租机人,从一个或几个航空港装运货物至指定目的地的运输方式。这种方式适合于运输大批量货物。

2. 部分包机

部分包机是指由几家航空货运代理公司或发货人联合包租一架飞机,或者是由航空公司把一架飞机的舱位分别租给几家航空货运代理公司装载货物的运输方式。部分包机适合于送货量在一吨以上但不够装一整架飞机的货物。

包机运输虽然能满足大批量的进出口货物运输的需求。但与班机运输相比,包机运输运送时间长,因为包机运输在货物装运前一个月需要向航空公司办理运输事宜,以便航空公司安排货物运输、向起降机场及有关国家申请入境及相关手续。包机运输虽然运费比班机便宜,但包机运输的运费是按往返路程计收的,如果回程没有货运,运费可能比班机还贵,因此,包机运输必须考虑回程货的问题。另外,包机运输的活动范围比较窄,主要是因为各国政府为了维护本国航空公司的利益,往往对别国航空公司的业务实行各种限制,加之繁杂的货运手续,这种包机运输方式,目前使用的地区并不多。

(二)包机运输业务流程

1. 包机申请

包机人至少应提前20日向航空公司提出书面包机申请,申请包机时应出示介绍信或个人有效身份证,同时提供货物品名、件数、重量、尺寸、体积、始发站及目的站等。航空公司根据包机申请人的以上信息向包机人提供包机机型和包机价格。

2. 包机合同

包机运输合同至少一式五份,一份交包机人,一份随货运单财务联报财务部门审核,一份收运部门留存,一份随货运单存根联留存,一份随货运单运往目的站。

除天气或其他不可抗力原因外,合同双方应当履行包机运输合同规定的各自承担的责任和义务。包机人应保证托运的货物没有夹带危险品、政府禁止运输或限制运输的物品。由于不可抗力原因,导致包机运输合同不能履行,承运人不承担责任。无论何种原因,一方不能如期履行合同时,应及时通知对方。

3. 运输注意事项

(1)航空公司负责航路的申请,航路申请经有关部门批准后,航空公司应尽快通知包机人准备运输。

(2)每架次包机应填制一份或几份货运单,货运单和包机合同作为包机的运输凭证。

(3)包机应按约定的时间将货物送到指定机场,自行办理检验检疫等手续后办理托运手续。包机货物的实际重量和体积不得超过包机运输合同中规定的最大可用吨位和体积,否则,承运人有权拒绝运输,由此造成的损失由包机人承担。航班在起飞前或到达后,由于包机人或其他受雇人的原因而造成的飞机延误,包机人应承担责任。由此对承运人造成的损失,包机人应承担赔偿责任。包机人在飞机起飞前取消、变更包机计划,造成承运人损失的,应承担赔偿责任。需要使用集装设备的包机,包机合同中应明确集装设备的回收方法及包机人应承担的责任。特殊货物的包机运输,须经国家有关部门和民航总局批准。

4. 包机取消

包机人可以在包机航班执行前24小时,以书面形式通知承运人取消航班,但应以下方式向承运人付退包费,退包费应从包机费用中由承运人扣减(如表5-5所示)。

表5-5 包机运输退包费率表(国航标准)

约定的包机起飞前天数	包机费(应退比例)
7天	20%
3至5天	50%
1至2天	75%
1天	100%

如因发生不利于飞行的气候条件、自然灾害、战争、罢工、政局不稳等不可抗力,以及有可能危害承运人财产及人员生命安全的一切原因,承运人有权取消部分或全部航班。

5. 协议转让

未经承运人同意,包机人不应向第三方转让本协议的任何权利、义务或责任。承运人有权拒绝承运人任何可能对飞行安全造成威胁的货物。

三、集中托运业务

集中托运是指集中托运人(一般是航空货运代理公司)把若干批单独发运的货物组成一整批,集中向航空公司办理托运,采用一份航空总运单将货物发送到同一到站,由集中托运人委托到达站当地的货运代理人负责收货、报关,并按集中托运人签发的航空分运单分拨给各个实际收货人的一种运输方式。

集中托运是航空货运代理公司的主要业务之一,也是国际航空货物运输使用比较普遍的一种方式。因为航空公司费率制定的原则是,货物重量越大,费率越低,以吸引货主采取航空运输。对货主来说,可利用集中托运人的服务,简化托运手续,节省费用。对于货运代理人来说,可通过办理集中托运,收取手续费,又可从运费差价中获得利益。

办理集中托运也有一定的局限性,如贵重物品、危险物品、活动物、外交信袋以及文物等不能办理集中托运。集中托运时,由于货物发运时间的不确定性,也不适合易腐货物、紧急物资以及对时间要求高的货物的运输。

四、包集装器(板、箱)运输业务

有固定货源且批量较大、数量相对稳定的托运人在一定时期内、一定航线或航班上包用承运人一定数量的集装板或者集装箱运输的货物,称为包集装器(板、箱)运输,简称包板运输。

包板运输的合同和运输凭证相关规定与包机运输相同。除此之外,包板运输还有如下注意事项:

1. 包板人对自己组装的、在目的站有指定的收货人或其代理人拆卸的包集装器货物的件数、包装情况负责。除承运人原因外,承运人对货物在运输过程中发生的货物短少、损坏等不承担责任。

2. 包板运输的货物只能装于托运人所包用的集装板(箱),如发生所包集装器不够用的情况,余下货物应按正常手续办理散货运输。

3. 每件货物必须粘贴或拴挂货物识别标签,识别标签上的货运单号码必须与货运单一致。以一个集装器作为一个运输单元的货物,其条件符合包板人对自己组装的、在目的站有指定的收货人或代理人拆卸的包集装器货物,可以只在集装器上拴挂或粘贴一个识别标签。包集装器运输的货物的件数、重量必须准确。

4. 包板人应按约定时间将货物送到指定机场办理托运手续,并自行办理检验检疫等手续。

5. 包板运输一般只限于直达航班。如果一票货物需包用两个或两个以上集装器运输,且根据合同有最低计费标准时,该票货物的最低计费重量为包用的每一个集装器的最低计费重量之和。

五、国际航空快递业务

国际航空快递是指具有独立法人资格的企业将进出境的货物或物品从发件人所在地通过自身或代理的网络运达收件人的一种快速运输方式。这种运输方式特别适用于急需的药品和医疗器械、贵重物品、图纸资料、货样、单证和书报杂志等小件物品。这是目前航空货物运输中最快捷的运输方式。

国际航空快递的收件范围主要有文件和包裹两大类。其中文件主要是指商业文件和各种印刷品,对于包裹一般要求毛重不超过 32 千克(含 32 千克)或外包装单边不超过 102 厘米,三边相加不超过 175 厘米。近年来,随着航空运输行业竞争更加激烈,快递公司为吸引更多的客户,对包裹大小的要求趋于放松。经营国际航空快递的大多为跨国公司,这些公司以独资或合资的形式将业务深入世界各地,建立起全球网络。航空快件的传送基本都是在跨国公司内部完成。

国际快递优点是服务质量更高,比如速度更快、更加安全、可靠、更方便。当然,航空快递同样有自己的局限性。如快递服务所覆盖的范围就不如邮政运输广泛。各快递公司的运送网络只能包括那些商业发达、对外交流多的地区。

模块四　航空运费计算

能力目标:能够计算航空运费
知识目标:掌握航空运价的类型,掌握航空运费的计算方法

任务训练

航空运费计算

工作情境:小张接到客户的托书一份,航空托运一批儿童杂志从上海运往巴黎。货物毛重 485 千克,共包装成 20 箱,每箱的体积是 73cm×67cm×23cm。小张在师傅的指导下,查询到航空公司的运价表(见表 5-6),并得知书本杂志的计费标准是 R 50% of the Normal GCR。

表 5-6　航空运价本样本

SHANGHAI	CN		SHA
SHAY. RENMINBI	CNY		KGS
PARIS	FR	M	320
		N	66.20
		45	45.22
		100	41.22
		500	32.02
		100	30.71

成果检验： 请帮助小张计算该批货物的航空运费。

_____

_____

_____

_____

 知识链接

作为航空货运代理人，根据不同的货物类型，计算航空运费，对于货代员向货主报价，有着非常重要的意义。货代员要根据不同航空公司的定价情况正确进行价格核算，并加上本公司的利润合理对外报价，以使得本公司的报价具有最大的市场竞争力。

一、航空运费计算的基本知识

（一）基本概念

1. 航空运价：又称费率，是指承运人对运输的每一单位重量的货物所收取的自始发地机场至目的地机场的航空运输费用。

（1）航空货物运价所使用的货币：货物的航空运价一般以运输始发地的本国货币公布，有的国家以美元代替其本国货币发布。

（2）货物运价的有效期：销售航空货运所使用的运价应为填制货运单之日的有效运价，即在航空货物运价有效期内使用的运价。

2. 航空运费：航空公司将一票货物自始发地机场运至目的地机场所应收取的航空运输费用。

（二）计费重量

计费重量是用以计算航空运费的重量。在航空货物运输中，计费重量包括实际重量和体积重量两种。

1. 实际重量：实际重量是指一批货物包括包装在内的实际总重量。凡重量大而体积相对小的货物用实际重量作为计费重量。如果货物的实际重量以千克表示时，计费重量的最小单位为 0.5 千克，当重量不足 0.5 千克的，按 0.5 千克计算；当重量超过 0.5 千克，不足 1 千克的则按 1 千克计算。当货物的实际重量以磅表示时，计费重量的最小单位为一磅，不足一磅的按一磅计算。例如：

103.001 千克 ⟶ 103.5 千克

103.501 千克 ⟶ 104.0 千克

2. 体积重量：体积重量指那些体积大而重量相对小的轻泡货物。体积重量的计算方法是：

（1）不考虑货物的几何形状，分别量出货物的最长、最宽和最高的部分，单位为厘米，测量数值的尾数四舍五入；

（2）将货物的长、宽、高相乘得出货物的体积；

137

(3) 将体积折算成体积重量(kg)。

计算公式是：体积重量(kg)＝货物体积(cm^3)÷6000(cm^3/kg)

3. 计费重量

一般采用货物的实际毛重与体积重量两者比较取其高者作为计费重量；但当货物按较高重量分界点的较低运价计算的运费较低时，则可按较低运价收费，以较高重量分界点的起始重量作为计费重量。

（三）最低运费

最低运费是指一票货物自始发地机场至目的地机场航空运费的最低限额。货物按其使用的航空运价与计费总量计算所得的航空运费，应与货物最低运费相比，取高者。一般用 M 表示。

二、国际航空货物运价体系

（一）协议运价

协议运价是航空公司与托运人签订协议，托运人保证每年向航空公司交运一定数量的货物，航空公司则向托运人提供一定数量的运价折扣。目前航空公司使用的运价大多是协议运价，但在协议运价中又根据不同的协议方式进行细分。国际航空货物协议运价构成如表5-7所示。

表 5-7　国际航空货物协议运价构成表

协议定价		包板（舱）	死包板（舱）
			软包板（舱）
长期协议	短期协议	返还	销售量返回
			销售额返回
自由销售			

（二）国际航协运价

国际航协运价是指国际航空运输协会在《航空货物运价手册》资料上公布的运价。按照IATA货物运价公布的形式划分，国际货物运价可分为公布直达运价和非公布直达运价（如表5-8所示）。

表 5-8　IATA 运价体系

IATA 运价	公布直达运价	普通货物运价
		指定商品运价
		等级货物运价
		集装货物运价
	非公布直达运价	比例运价
		分段相加运价

1. 公布直达运价：航空公司在运价本上直接注明承运人对由甲地运至乙地的货物收取的一定金额。

(1) 普通货物运价：是适用最为广泛的一种运价。当一批货物不能适用特种货物运价，也不属于等级货物时，就应该适用普通货物运价。

(2) 指定商品运价：承运人根据在某一航线上经常运输某一种类货物的托运人的请求或为促进某地区间某一种类货物的运输，经国际航空运输协会同意所提供的优惠运价。

(3) 等级货物运价：指适用于指定地区内部或地区之间的少数货物运输。通常表示为在普通货物运价的基础上增加或减少一定的百分比。

(4) 集装货物运价：指适用于货物装入集装器交运而不另加包装的特别运价。

2. 非公布直达运价：如果货物运输的始发地目的地没有公布直达运价，则需要通过一定的方法计算全程运费。

(1) 比例运价：在运价手册上除公布的直达运价外还公布一种不能单独使用的附加数。当货物的始发地或目的地无公布的直达运价时，可采用比例运价与公布的直达运价相加，构成非公布的直达运价。

(2) 分段相加运价：指在两地间既没有直达运价也无法利用比例运价时可以在始发地与目的地之间选择合适的计算点，分别找到始发地至该点、该点至目的地的运价，两段运价相加组成全程的最低运价。

三、航空运费计算

（一）普通货物运费计算

1. 概念

普通货物运价（GCR）是指除了等级货物运价和指定货物运价以外的适合于普通货物运输的运价。

一般地，普通货物运价根据货物重量不同，分为若干个重量等级分界点运价。例如，"N"表示标准普通货物运价（normal general cargo rate），指的是45千克以下的普通货物运价。同时，普通货物运价还公布有 Q_{45}、Q_{100}、Q_{300} 等不同重量等级分界点的运价。这里 Q_{45} 表示45千克以上（包括45千克）普通货物运价，依此类推。对于45千克以上的不同重量分界点的普通货物均用"Q"表示。用货物的计费重量和其适用的普通货物运价计算而得到的航空运费不得低于运价资料上公布的运费最低收费标准（M）。

2. 计算步骤

普通商品运费计算，一般可分为以下四个步骤：

(1) 计算体积重量；

(2) 对比体积重量和毛重，择其高者；

(3) 选择运价；

(4) 计算运费。

3. 计算举例

Routing：Beijing, CHINA (BJS) to TOKYO, JAPAN(TYO)

Commodity：Sample

Gross weight：25.5kgs

Dimensions：82cm×48cm×32cm

公布运价如下：

BEIJING	CN		BJS
Y.RENMINBI	CNY		kgs
TOKYO	JP	M	230.00

N	37.51
45	28.13

解：

Volume：82cm×48cm×32cm ＝125952cm³

Volume weight：125952cm³÷6000cm³/kg＝20.99kgs

Gross weight：25.5kgs

Chargeable weight：25.5kgs

Applicable rate：GCR N 37.51 CNY/kg

Weight charge：25.5×37.51＝CNY956.51

（二）指定货物运费计算

1. 概念

指定商品运价(SCR)是指适用于自规定的始发地至规定的目的地运输特定品名货物的运价。通常情况下,指定商品运价低于相应的普通货物运价。就其性质而言,该运价是一种优惠性质的运价。

指定商品运价的原因可归纳为以下两个方面：其一,在某特定航线上,一些较为稳定的货主经常或者是定期地托运特定品名的货物,托运人要求承运人提供一个较低的优惠运价；其二,航空公司为了有效地利用其运力,争取货源并保证飞机有较高的载运率,向市场推出一个较有竞争力的优惠运价。

在《航空货物运价手册》的第二部分中,根据货物的性质、属性以及特点等对货物进行分类,共分为十大组,每组又分为十个小组,同时,对其分组形势用四位阿拉伯数字进行编号。该编号即为指定商品货物的品名编号。从整个国际航协来看,指定商品的代码非常多。下面,我们以从北京始发的货物的指定商品代码为例(见表5-9)查询指定商品代码。

表5-9 从北京始发的货物的指定商品代码

0007	fruit, vegetables	水果、蔬菜
0008	fruit, vegetables-fresh	新鲜的水果、蔬菜
0300	fish (edible), seafood	鱼(可食用的),海鲜,海产品
1093	worms	沙蚕
2195	A：yarn, thread. fibres-not further or manufactured; exclusively in bales, bolts, pieces, cloth B：wearing apparel, textile manufactures	A：成包、成卷、成块未进一步加工或制造的纱、线、纤维、布 B：服装、纺织品
2199	A：yarn, thread, fibres, textiles B：textile manufactures C：wearing apparel	A：纱、线、纤维、纺织原料 B：纺织品 C：服装(包括鞋、袜)
2211	yarn, thread. fibres-not further or manufactured; exclusively in bales, bolts, pieces, wearing apparel, textile manufacture	成包、成卷、成块未进一步加工或制造的纱、线、纤维、服装、纺织品
7481	rubber tyres, rubber tubes	橡胶轮胎、橡胶管

2. 使用规则

在使用指定商品运价时,只要所运输的货物满足以下三个条件,则运输始发地和运输目的地就可以直接使用指定商品运价:

(1) 运输始发地至目的地之间有公布的指定商品运价;

(2) 托运人所交运的货物,其品名与有关指定商品运价的货物品名相吻合;

(3) 货物的计费重量满足指定商品运价使用时的最低重量要求。

3. 计算步骤

(1) 先查询运价表,如有指定商品代号,则考虑使用指定商品运价;

(2) 查找《航空货物运价手册》的品名表,找出与运输货物名称相对应的指定商品代号;

(3) 如果货物的计费重量超过指定商品运价的最低重量,则优先使用指定商品运价;

(4) 如果货物的计费重量没有达到指定商品运价的最低重量,则需要比较计算。

4. 计算举例

routing:Beijing, CHINA (BJS) to OSAKA, JAPAN(OSA)

commodity:FRESH APPLES (品名编号 0008)

goss weight:EACH 65.2kgs, TOTAL 5 PIECES

dimensions:102cm×44cm×25cm×5

公布运价如下:

BEIJING	CN		BJS
Y. RENMINBI	CNY		kgs
OSAKA	JP	M	230
		N	37.51
		45	28.13
	0008	300	18.80
	0300	500	20.61

解:查找 TACT RKTES BOOKS 的品名表,品名编号为"0008"所对应的货物名称为"fruit, vegetables-fresh",现在承运的货物是 fresh apples,符合指定商品代码 0008 由于货主交运的货物重量符合 0008 指定商品运价使用时的最低重量要求。

运费计算如下:

volume:$102cm \times 44cm \times 25cm \times 5 = 561000cm^3$

volume weight:$561000cm^3 \div 6000cm^3/kg = 93.5kgs$

gross weight:$65.2 \times 5 = 326.0kgs$

chargeable weight:326.0kgs

applicable rate:SCR 0008/ Q 300 18.80CNY/kg

weight charge:$326.0 \times 18.80 = CNY\ 6128.80$

(三) 等级货物运费计算

1. 概念

在规定的业务区内或业务区之间运输特别指定的等级货物的运价。

2. 使用对象

等级货物运价主要适用于：活动物、贵重货物、书报杂志类货物、作为货物运输的行李、尸体、骨灰、汽车等。

3. 使用规则

在普通货物运价的基础上附加或附减一定百分比的形式构成。附加的等级货物用代号 S 表示；附减的等级货物用代号 R 表示。

4. 运价的确定

等级货物的运价需要查询确定，如图 5-3 所示。

（1）当表中出现"the Normal GCR"时，表示使用运价表中的 45kg 以下普货运价。此时，运价的使用与货物的计费重量无关。

（2）当表中出现"the Normal GCR 的百分比"（如 150％ of the Normal GCR）时，表示在运价表中 N 运价的基础上乘以这个百分比。此时，运价的使用与货物的计费重量无关。

（3）当表中出现"appl. GCR"时，表示使用运价表中适中的普货运价（N、Q45、Q100、Q300……）。此时，运价的使用与货物的计费重量有关。

（4）当表中出现"appl. GCR 的百分比"（如：110％ of appl. GCR）时，表示在所适用的普货运价基础上乘以该百分比（如：110％N、110％Q45kg、……）。此时，运价的使用与货物的计费重量有关。

Rates covering all areas, excluding between countries in the ECAA

	IATA AREA (see Rules 1.2.2 Definitions of Area)					
	Within 1	Within 2 (see also Rule 3.7.1.3)	Within 3	Between 1 & 2	Between 2 & 3	Between 3 & 1
ALL LIVE ANIMALS Except: Baby Poultry less than 72 hours old	175% of Normal GCR	175% of Normal GCR	175% of Normal GCR Except: 1 below	175% of Normal GCR	175% of Normal GCR Except: 1 below	175% of Normal GCR Except: 1 below
BABY POULTRY Less than 72 hours old	Normal GCR	Normal GCR	Normal GCR Except: 1 below	Normal GCR	Normal GCR Except: 1 below	Normal GCR Except: 1 below

图 5-3 我国航空运输等级货物（活动物）运价示例

5. 计算举例

routing：Beijing, CHINA (BJS) to London, United Kingdom (LON)

commodity：Books

gross weight：980.0kgs

dimensions：20pieces 70cm×50cm×40cm each

运价为 50％ of the Normal GCR

公布普通货物运价如下：

BEIJING	CN		BJS
Y. RENMINBI	CNY		kgs
LONDON	GB	M	320.00
		N	63.19
		45	45.22
		500	33.42

解：volume：70cm×50cm×40cm×20＝2800000cm³

volume weight：2800000cm³÷6000cm³/kg＝466.67kgs＝467.0kgs

gross weight：980.0kgs

chargeable weight：980.0kgs

applicable rate：50％ of Normal GCR

50％×63.19CNY/kg＝31.595CNY/kg＝31.60CNY/kg

weight charge：980.0×31.60＝CNY30968.00

6. 最低运费规定

(1) 活体动物（不包括欧共体协会协议国家之间的运输）的最低运费标准为200％M。

(2) 贵重货物的最低运费按公布最低运费的200％收取，同时不低于50美元或等值货币。

(3) 书报、杂志的最低运费按公布的最低运费的M收取。

(4) 作为货物运输的行李以10kg为最低的计费重量、使用运价计算的运费和公布最低运费M三者比较，取高者。

(5) 尸体、骨灰按公布最低运费的M收取，但在二区内最低运费为200％的M，同时不低于65美元或等值货币。

四、国际航空附加费

(一) 声明价值附加费

航空运输的承运人与其他运输方式的承运人一样，在货物运输过程中对货物既要承担责任，又要把自己的责任限制在一定的范围之内，承运人往往都会在运输合同中规定一个最高赔偿限额。如果在货物运输过程中，由于承运人自身的疏忽或故意而造成的货物损坏、丢失或延迟等所承担的责任，最多不能超过合同中规定的最高赔偿限额。

如果货物的价值超过了20美元，而发货人又要求在发生货损货差时按全价给予赔偿时，则发货人在交运货物时，就必须向承运人或其代理人声明其货物的价值。承运人或其代理人根据货物的声明价值向托运人收取声明价值附加费。在这种情况下，如果货物发生货损货差，承运人可按货物的声明价值赔偿。

声明价值附加费＝（声明价值－20美元×声明价值的货物重量）×0.5％

托运人办理货物的声明价值时，必须按整批货物办理，不得在整批货物中只办理部分货物的声明价值。每票货物的声明价值不超过10万美元。声明价值附加费以元为单位，不足元者应进整为元。

(二) 其他附加费

其他附加费包括货到付款附加费、制单费、提货费、中转手续费、地面运输费等。一般只有在承运人或航空货运代理人提供服务时才收取。

模块五 航空货运单的填制

能力目标：能够根据实际业务情况填写航空货运单。
知识目标：航空货运单的内容构成、航空货运单的填制方法。

任务训练

航空运单填写

工作情境：小张接手一批货物的航空托运。根据托运人提交的委托书的信息，该批货物始发站是北京首都国际机场，目的地是东京机场。货物的航空承运人是中国国际航空公司。没有供运输用声明价值。托运人没有办理货物保险。货物共4件，毛重共53.8kg，每件的体积是70cm×47cm×35cm，采用的是普通货物运价，运价是每千克48.34元，运费是预付，另应付给承运人货运单费50元。师傅要求小张根据委托书填制航空货运单。

成果检验：请帮助小张完成以下部分航空运单（如表5-10所示）的填写。

表5-10　航空运单填写

No. of Pieces	Gross Weight	Rate Class	Chargeable Weight	Rate/Charge	Total	Nature and Quantity of Goods

Prepaid Weight charge Collect		Other Charges
Valuation Charge		
Tax		
Total Other Charges Due Agent		Shipper certifies that the particulars on the face hereof are correct and that insofar as any part of the consignment contains dangerous goods, such part is properly described by name and is in proper condition for carriage by air according to the applicable Dangerous Goods Regulations. Signature of Shipper or his agent

知识链接

航空货运单是托运人和承运人之间在承运人的航线上运输货物所订立的运输契约证明。作为航空，要和托运人积极沟通，确保托运人的委托书或托运书的正确性和完备性，并且根据客户提供的托运书准确填写航空货运单。

一、航空货运单的定义

航空货运单是航空运输的承运人或其代理人收到货物以后出具的一份重要的货运单证，是承运人和托运人之间签订的运输合同。它与海运提单不同，航空货运单既不能转让，也不是代表货物所有权的物权凭证，是一种不可议付的单据。

二、航空货运单的内容与填制

（一）航空货运单的填制要求

填开货运单要求使用英文打字机或计算机，使用英文大写字母打印，各栏内容必须准确、清楚、齐全、不得随意涂改。

货运单已填内容在运输途中需要修改时，必须在修改项目的旁边注明修改货运单的空运企业名称、地址、日期。修改时，应同时将剩余的各联一同修改。

货运单的各栏目中，有些栏目印有阴影。其中，有标题的阴影栏目仅供承运人填写使用，没有标题的阴影栏目除非承运人特殊需要一般不需填写。

航空货运单格式如表5-11所示。

表5-11 航空货运单样本

Shipper's name and address					NOT NEGOTIABLE Air Waybill Issued by				
Consignee's name and address					It is agreed that the goods described herein are accepted in apparent good order and condition (except as noted) for carriage				
Issuing Carrier's Agent Name and City									
Agents IATA Code			Account No.						
Airport of Departure(Add. of First Carrier) and Requested Routing					Accounting Information				
to	By first carrier	to	by	to	by	Currency	Declared Value for Carriage		Declared Value for Customs
Airport of Destination		Flight/Date	Amount of Insurance						
Handling Information									
No. of Pieces	Gross Weight	Rate Class		Chargeable Weight	Rate/Charge		Total		Nature and Quantity of Goods
Prepaid Weight Charge Collect					Other Charges				
Valuation Charge									
Tax									

续表

		Shipper certifies that the particulars on the face hereof are correct and that insofar as any part of the consignment contains dangerous goods, such part is properly described by name and is in proper condition for carriage by air according to the applicable Dangerous Goods Regulations.
Total Other Charges Due Agent		
Total Other Charges Due Carrier		
		Signature of Shipper or his agent
Total Prepaid	Total Collect	Executed on _____ at _____
Currency Conversion Rates	CC Charges in des. Currency	Signature of issuing Carrier or as Agent
For Carrier's Use Only at Destination	Charges at Destination	Total Collect Charges	AIR WAYBILL NUMBER

（二）各栏目的填写要求

1. 货运单号码(The Air Waybill Number)：货运单号码应清晰地印在货运单的左右上角及右下角。包括：航空公司的票证代号、货运单序号及检验号。

2. 始发站机场(Airport of Departure)：填入始发地机场或城市英文三字代码。

3. 托运人栏(Shipper)

（1）托运人姓名和地址(Shipper's Name and Address)：填入托运人的名称及地址全称和国家名，必要时填入托运人电话号码及传真号码。

（2）托运人账号(Shipper's Account Number)：此栏不需填写，除非承运人需要。

4. 契约条件(Reference to conditions of contract)：此栏留空白，由航空公司填入必要内容。

5. 收货人栏(Consignee)

（1）收货人姓名和地址(Consignee's Name and Address)：填入收货人的名称、地址全称和国家名，必要时填入收货人的电话号码及传真号码。为了使货物运达目的地点后顺利地交付收货人，准确无误地填写这一栏十分重要。收货人的名称及地址必须是全称，地址必须写明街名、门牌号、区名、城市名、省(州)名和国家名等。对于紧急货物或特种货物，应当写上收货人的电话号码和传真号码。

（2）收货人账号(Consignee's Account Number)：此栏留空白，由运输货物的最后航段航空公司填入必要的内容。

6. 填开货运单的承运人的代理人栏(Issuing Carrier's Agent)

（1）名称和城市(Name and City)：填入航空公司的代理人名称及机场或城市名。

（2）国际航协代号(Agent's IATA Code)：填入 IATA 货运代理人代号。

（3）账号(Account No.)：此栏留空白或按航空公司的要求填入必要的内容。

7. 运输路线(Routing)

（1）始发地机场(第一承运人地址)和所要求的运输路线[Airport of Departure (Addr. of First Carrier) and Requested Routing]：此栏打印与栏中一致的始发地机场名称，以及所要求的运输路线。此栏中应打印始发地机场或所在城市全称。

（2）运输路线和目的地（Routing and Destination）：

至（to）：按照运输路线，依次在各栏中打印第一、第二、第三转运点的 IATA 三字代码。如果是直达航班，则在第一个 To 栏中打印目的地机场三字代码即可。

由依次打印第一、第二、第三承运人的 IATA 两字代码。

目的地机场（Airport of Destination）：打印最后承运人的目的地机场全称（如果该城市有多个机场，不知道机场名称时，可用城市全称）。注意：如在不同的国家或省（州）中存在着相同的机场或城市名的，建议在目的地机场（或城市）名注明省（州）和国家名。例：一批货物运往 ATHENS,OH.,USA（美国俄亥俄州）。因为通常 ATHENS 是指希腊的首都雅典，又在美国的佐治亚州也有一个名为 ATHENS 的城市，为了避免货物运错目的地，建议这一格的填入方法如下："ATHENS,OH.,US"或"ATHENS,OHIO,USA"。

航班/日期（Flight/Date）：本栏一般不需要填写，除非参加运输的各有关承运人需要。

8. 财务说明（Accounting Information）：填入运费的付款办法：如：预付，可填入"FREIGHT PREPAID"；或到付，可填入"FREIGHT COLLECT"。对于退回原地的货物，在新的航空货运单的此格内填入"RETURNED CARGO ORIGINAL AWB NO……"对于行李作货物托运的货物，填入旅客的客票号码及乘机的航程航班号及日期。还可以填入必要的关于运费付款办法的其他内容。

9. 货币（Currency）：填入始发地国家（或地区）货币三字代号，表示此份航空货运单的全部费用均为此格内填入的代号货币

10. 运费代号（CHGS Code）：此栏由航空公司填写。

11. 运费（Charges）：如重量运费（Weight Charge）和声明价值费（Valuation Charge）是预付的，在此格内"PPD"的下方用"×"表示。如重量运费和声明价值费是到付的，在此格内"COLL"的下方，用"×"表示。

12. 其他费用（Other）：如其他费用的付款方式是预付的，在"PPD"的下方用"×"表示。如其他费用的付款方式是到付的，在"COLL"的下方用"×"表示。

13. 供运输用声明价值（Declared Value for Carriage）：如托运人在交运货物时声明了一个高于航空公司的赔偿责任限额的，在此格内填入托运人所声明的价值。如无声明价值的，填入"NVD"字。

14. 供海关用声明价值（Declared Value for Customs）：填入对海关申报的价值或留空白，如无海关价值的，可填为"NCV"。在实际操作中，往往填入为"ASPERINVOICE(S)"。

15. 保险金额（Amount of Insurance）：如此格是白底的，且航空公司提供保险业务又托运人要求代保险的，填入保险数额，否则填入"×××"。

16. 储运注意事项（Handing Information）：填入此栏的内容较多，通常填入以下内容：另请通知人（Also Notify）的名称及地址；货物外包装上的唛头和号码；货物的包装方式；附在航空货运单的文件、发票、装箱单等；关于货物的特别操作要求；其他必要的内容。

17. 货物运价细目（Consignment Rating Details）

（1）件数/运价组合点（No. of Pieces RCP）：打印货物的件数。如果运价是使用分段相加或使用比例运价组成的，在件数的下方填入运价相加点三字代码。将各行的件数合计填入下方格内。

（2）毛重（Gross Weight）：填入货物的毛重。如果是使用集装设备作为包装运输货物的，

另起一行填入集装设备的自重,并与填入(Rate Class)栏内的"X"代号对为一行。如果该栏的填写时有多行,将各行的重量合计填入下方格内。

(3) 重量单位(kg/lb):填入重量单位(千克或磅)。

(4) 运价等级(Rate Class):填入以下适用的代号。

M——Minimum Charge(最低运费);

N——Normal Rate(45 千克以下普通货物运价);

Q——Quantity Rate(45 千克以上分量普通货物的运价);

C——Specific Commodity Rate(指定商品运价);

R——Class Rate Reduction(附减等级运价);

S——Class Rate Surcharge(附加等级运价);

X——Unit Load Device Additional Information(使用集装设备附加代号)。

(5) 商品品名编号(Commodity Item No.):填入以下适用的内容:

① 填入指定商品运价的商品项目编号。

② 适用以 N 的运价为基础附减一定百分比的等级运价的,填入 N 代号后接百分比,如 N50,必须与(Rate Class)栏填入的"R"代号对为一行。

③ 适用以 N 或 Q 运价或 M 运费附加一定百分比的等级运价,填入 N 或 Q 或 M 代号后接百分比,如 N150、Q110、M200 等,必须与(Rate Class)栏内填入的"S"代号对为一行。

(6) 计费重量(Chargeable Weight):填入货物的计费重量。

(7) 运价/运费(Rate/Charge):填入运价或运费。运价是指每公斤运价,当使用最低运费时,填本批货物的最低运费,与栏中运价代号"M"对应。

(8) 总计(Total):填入列在这一行的货物运费总额。如果是最低运费或集装货物基本运费,本栏与运价/运费栏内金额相同。如果栏内的填写是多行的,将各行的运费合计填入下方格内。

(9) 货物品名和数量(Nature and Quantity of Goods):填入以下适用的内容。

① 填入货物的品名。

② 如是集运(混载)货物,可填为"CONSOLIDATION AS PER ATTACHED LIST"。

③ 如货物是按体积重量计算运费的,填入货物的尺寸或体积如:55×31cm×30cm×50cm。

④ 如使用集装设备作为包装运输货物的,填写集装设备的编号,与运价等级(Rate Class)栏内填入的"X"代号对为一行。

18. 其他费用(Other Charges):填入在始发地和已知的在途中或在目的地产生的其他费用。其他费用只能全部预付或全部到付。未填入此格的在中途或在目的地产生的其他费用只能到付。其他费用由代号表示,如 AC(Animal Container)即动物容器租费,AW(Air Waybill)即货运单费。在上述代号的后面加"C"字,表示是航空公司收取的其他费用(due Carrier),加"A"字,表示是代理人收取的其他费用(due Agent)。对于退回原始地的货物,在此格内填入应当收取但未收取的费用数额(到付)。

19. 预付(Prepaid):

(1) 预付运费(Prepaid Weight Charge):打印货物计费重量计得的货物运费。

(2) 预付声明价值附加费(Prepaid Valuation Charge):如托运人申报货物运输声明价值,则此栏打印计得的声明价值附加费金额。

(3) 预付税款(Prepaid Tax)：打印适用的税款。

(4) 预付的其他费用总额(Total Other Prepaid Charges)：根据有关栏内的其他费用金额打印。

预付由代理人收取的其他费用[Total Other (Prepaid) Charge Due Agent]；

预付由承运人收取的其他费用[Total Other (Prepaid) Charge Due carrier]。

(5) 预付总计(Total Prepaid)：打印所有预付款项的总额。

20. 到付(Collect)：填制方法与预付相同，在相应栏中对应打印所有到付款项。

21. 托运人证明栏(Shipper's Certification Box)：托运人或其代理人签名。签名可以用印章、签名或印戳。

22. 承运人填写栏(Carriers Certification)：

(1) 填开日期(Executed on date)：填入填写航空货运单的日期。日期按日、月、年顺序填写，月可以使用全称或缩写，如：08OCT2000。

(2) 填开地点(at place)：填入填写航空货运单的地点机场或城市名。

(3) 填开货运单的承运人或其代理人签字(Signature of Issuing Carrier or it's Agent)：发行航空货运单的航空公司或其代理人签名。

23. 仅供承运人在目的地使用(For Carrier's Use only at Destination)：本栏不需要打印。

24. 用目的地国家或地区货币付费(仅供承运人使用)：由承运人填写。

项 目 小 结

一、学习重点

1. 学习航空货运业务类型及各自的特点，重点掌握班机运输及包机运输业务流程。
2. 学习根据航空公司运价表，计算航空运输的运费。
3. 学习根据托运人的委托书，准确填写航空货运单。

二、水平测试

1. 根据以下资料计算航空运费

routing：QingDao, CHINA (QAO) to Kuala Lumpur, Malaysia

commodity：Books

gross weight：580.0kgs

dimensions：10Pieces 70cm×50cm×40cm each

运价为 110% of appl. GCR

公布普通货物运价如下：

QINGDAO	CN		QAO
Y. RENMINBI	CNY		kgs
MALAYSIA	MH	M	160.00

N	32.19
45	27.22
500	16.42

_____

_____

_____

_____

2. 根据第 1 小题的计算结果完成下表

No. of Pieces	Gross Weight	Rate Class	Chargeable Weight	Rate/Charge	Total	Nature and Quantity of Goods

三、知识测试

1. 美国杜勒国际机场的三字代码是（　　）。

   A. KIX　　　　B. IAD　　　　C. LHR　　　　D. ORD

2. 2008 年北京奥运会火炬传递专机 CA2008 属于（　　）。

   A. 中华航空公司　　　　　　B. 中国国际航空公司

   C. 中国南方航空公司　　　　D. 中国东方航空公司

3. 在国际航空运输中，下列说法错误的是（　　）。

   A. 每件普通航空货物的最小体积不得小于 5cm×10cm×20cm

   B. 每票普通货物的最小重量不得小于 1 千克

   C. 易碎物品每件重量不超过 25 千克

   D. 鲜活易腐货物每件重量以不超过 25 千克为宜

4. 在国际航空运输中，一票货物中包含有不同物品称为混运货物，下列（　　）不得作为混运货物运输。

   A. 贵重货物　　B. 儿童读物　　C. 外交信袋　　D. 服装

5. 在国际航空货物运输中，装运货物时应考虑到飞机本身的装载限制，这些限制因素包括（　　）。

   A. 最大重量限制　　　　　　B. 机舱容积限制

   C. 舱门限制　　　　　　　　D. 地板承受力限额

6. 在国际航空货物集中托运的情况下，航空货运单分为主运单和分运单。下列关于主运单和分运单的表述，（　　）是不正确的。

   A. 主运单是国际航空货运代理人与承运人交接货物的凭证

   B. 分运单是国际航空货运代理人与发货人交接货物的凭证

   C. 在主运单中托运人栏和收货人栏都是实际的托运人和收货人

   D. 在分运单中托运人栏和收货人栏都是实际的托运人和收货人

7. 在国际航空货物运输中,下列( )属于非公布直达运价。

   A. 普通货物运价　　　　　　　　B. 等级货物运价

   C. 分段相加运价　　　　　　　　D. 集装货物运价

8. 下列城市属于 IATA 三个航空运输业务区中的 TC1 区的是( )。

   A. 纽约　　　　B. 北京　　　　C. 伦敦　　　　D. 坎贝拉

9. 在航空货物运输中,说明货物的货运单号码、件数、重量、始发站、目的站、中转站的一种运输标志是( )。

   A. 操作标签　　　　　　　　　　B. 特种货物标签

   B. 活动物标签　　　　　　　　　D. 识别标签

10. 在填制航空货运单时,下列( )不符合货运单的填制要求。

    A. 可用英文大写或小写字母打印货运单

    B. 货运单已填内容可以修改

    C. 没有标题的阴影栏目一般不需填写,除非承运人特殊需要

    D. 如果始发地机场名称不明确,可填写机场所在城市的 IATA 三字代号

项目六
货代风险分析与防范

货代在业务经营过程中会面临很多风险,其中有托运人、代理人、独立经营人的概念模糊,造成身份错位,超越代理权限产生的风险;有未尽职责操作失误造成的索赔风险和轻信承诺导致受骗产生的风险;也有拖欠运费造成的坏账风险。如何有效地降低风险,提高防范意识对于货代来说具有重要意义。

在这一阶段的学习中,我们要了解货运业务中货代所面临的风险,提高货运业务风险防范意识,并对货运业务中的责任进行准确的划分。

模块一 货代业务风险分析

能力目标:能够正确分析货运业务中货代的责任
知识目标:了解海运货运业务中的风险

任务训练

货运业务责任划分

工作情境:实习了一段时间后,师傅告诉小张,作为合格的货代员,要懂得正确处理货代业务中的纠纷,划分清楚货主、货代、承运人等相关当事人的责任。请帮助小张分析以下案例:

我国 A 贸易公司委托同一城市的 B 货运代理公司办理一批从我国 C 港运至韩国 D 港的危险品货物。A 贸易公司向 B 货运代理公司提供了正确的货物名称和危险品货物的性质,B 货运代理公司签发 HOUSE B/L 给 A 公司。随后,B 货代公司以托运人的身份向船公司办理该批货物的订舱和出运手续。为了节省运费,同时因为 B 货代公司已投保责任险,B 货代公司向船公司谎报货物的名称,且未告知船公司该批货物为危险品货物。船公司按通常货物处理并装载于船舱内,结果在海上运输中,因为货物的危险性质导致火灾,造成船舶受损,该批货物全部灭失并给其他货主造成巨大损失。

成果检验:
1. A 贸易公司、B 货代公司、船公司在这次事故中的责任如何?

2. 承运人是否应对其他货主的损失承担赔偿责任,为什么?

3. 责任保险人是否承担责任,为什么?

 知识链接

货代扮演着货主与承运人之间的桥梁作用,在货运业务中面临着各种各样的风险,我们可以将这些风险大致划分为以下几种类型。

一、操作风险

货代操作风险的主要表现有以下几种,这些行为有可能给客户带来损失而导致索赔。

1. 选择承运人不当;
2. 选择集装箱不当;
3. 未能及时搜集、掌握相关信息并采取有效措施;
4. 对特别货物未尽特殊义务;
5. 工作不认真,操作失误;
6. 遗失单据;
7. 单据缮制错误等。

案例:

某货代公司接受货主委托,安排一批茶叶海运出口。货代公司在提取了船公司提供的集装箱并装箱后,将整箱货交给船公司。同时,货主自行办理了货物运输保险。收货人在目的港拆箱提货时发现集装箱内异味浓重,经查明该集装箱前一航次所载货物为精茶,致使茶叶受精茶污染。

分析:在此情况下,货主可向保险人或承运人索赔。因为根据保险合同,在保险人承保期间和责任范围内,保险人应承担赔付责任。因为根据运输合同,承运人应提供"适载"的承运人集装箱,由于承运人集装箱存在问题,承运人应承担赔偿责任。同时,承运人没有提供"适载"的承运人集装箱,而货代在提空箱时没有履行其义务,即检查箱子的义务,并且在目的港拆箱时异味还很浓重,因此,承运人和货代应按各自过失比例承担赔偿责任,如承运人承担60%,货代承担40%的责任。

二、货主信用欺诈

在货运业务中,货代公司还面临着货主欺诈的风险,主要表现有以下几种。

1. 拖欠或不支付运费

很多货运代理人为了承揽生意,吸引货主,往往采取垫付运费及其他相关费用的方式,而这一点恰恰被个别货主钻了空子。个别货主往往在前几票业务中积极付费,表现出具有良好信誉的假象,在获取货代的信任后,在随后的某一大票业务中由货代垫付巨额费用后,人去楼空。

2. 虚报货物信息

货主为了逃避海关监管,可能会虚报、假报进出口货物的品名以及数量,当货代(包括报关行)代其报关后,经海关查验申报品名、数量与实际不符时,货代可能遭受海关的调查和处罚。

3. 与收货人串通,恶意欺诈

在集装箱运输方式下,由于货物不便查验,货主可能会实际出运低价值的货物,而去申报高价值的货物,并与收货人串通伪造出具假发票、假信用证、假合同,当货物到达目的地,通过各种手段骗取无单发货后,发货人凭正本提单向货运代理人索要高于出运货物实际价值的赔偿。

案例:

某货代公司客户从德国以 FOB 方式进口 40 个箱子到中国,分批发送,前两票运费及时付清,但是最后一批 20 个箱子不再付款,理由是货物有问题。当时正值金融危机开始之际,货代找船公司订舱,一般情况下只要客户的运费一到,就及时付给船公司。现在这个客户不付运费也不提货,箱子扔在码头,已产生高额滞箱费。不管船公司发传真还是打电话,客户拒不付款,发了海关的强制令,也没有效果。船公司直接要货代公司赔付,该货代公司规模小,没有能力负担 20 多万美元的运费。请问此案例中,货代公司应该承担什么法律责任?

分析:此案例要分两种情况考虑。第一种情况是货代公司作为货主的代理人,以货主的名义向船公司订舱,向货主提供的是船东提单。第二种情况是货代公司作为无船承运人或独立经营人,以自己的名义向船公司订舱,并签发自己的货代提单或无船承运人提单给货主,这种情况下货代对货主而言是承运人,对船公司而言是托运人。

如果是第一种情况,作为货主的代理人,不用直接承担船公司的运费支付义务。当然船公司仍有可能将货代公司或连同货主一起告上法庭。在这样的案件中货代公司要准备好与货主的合同、委托书及给船公司的托运单等,证明自己是货主的代理人,并且是根据货主的委托以货主的名义向船公司订舱。如果是第二种情况,货代公司作为船公司的托运人须承担直接付款义务,这种情况下货代要尽快将货主也告上法庭,以尽可能从货主那边挽回损失。

三、提单风险

1. 随意出具保函

倒签、预借提单现象比较普遍,凭保函签发清洁提单或无单放货的情况更是普遍,船公司为了规避自己的风险,一般在货主提出上述要求时要求货主出具保函。但由于货主远在异地或者货主的资信不能得到船公司的信任和认可,往往会要求货代出具保函以保证承担由此引起的一切责任,或要求货代在货主出具的保函上加盖公章,承担连带担保责任。有的货代为了向货主体现自己"优质"的服务质量,会随意地按照船公司的要求出具保函。此时货代仅是货主的代理人,出具保函的行为是超越代理范围的自身行为,因此货代所承担的风险责任也远远超越了其应当所承担责任的范围。

2. 无单放货

无单放货,又叫无正本提单放货,是指货代在未收回正本提单的情况下,依提单上记载的收货人或通知人凭副本提单或提单复印件,加保函放行货物的行为。在船速提高、短航或提单转让过程延迟的情况下,货物一般先于提单到达目的港,严格凭单放货会导致压货、压船、压仓、压港,将造成严重的经济损失以及被强制拍卖或没收的危险时,船东或货代往往被无正本提单的收货人或说服或担保提取了货物。

案例:

某货代公司接受某货主委托办理出口货物运输事宜。货物抵达目的地前,货代得到货主电话要求后,指示外代公司凭提单传真件和银行保函放货,外代在通知船公司时忽略了要求银行保函这一重要条件,造成国外收货人提货后不付款,货主损失惨重诉至法院。

分析:货代作为原告的代理,擅自指示外代公司、船公司无单放货,而货主的损失与此指示有直接因果关系,应赔偿货主的全部损失。在此案中,货主的指示实际上是不符合船公司见正本提单方可放货的货运实践的,作为代理人,货代应当取得货主的书面授权,使其行为后果归属于货主,以避免本不应该承担的责任。

四、越权代理风险

当货代公司在未取得无船承运资质时,一定要时刻牢记自身的代理身份。货代公司如果纯粹作为代理人,在对一些托运人所委托重要事项进行决策时,一定要征得托运人的许可,否则在产生争议时很有可能被托运人以越权代理为由而起诉。另外还要注意在接受某些特殊的委托事项时一定留有证据。

例如:很多货代在从事具体业务中,没有保留证据的意识,而委托人往往有时又采用口头委托,或者使用的委托书非常不规范,这将很容易产生风险。例如托运人只书面委托报关,货代却主动为其委托第三人装卸,由于积载不当导致货损,本来货代可以代理身份抗辩不承担责任,但由于没有客户的书面委托,可能使自己承担货损的风险。

五、法律适用风险

由于各地的海关监管、免疫查验、出入境管理以及其他相关监管的法律法规的规定不同,而且货代公司又不能完全熟悉掌握相关法律法规,尤其是一些最新出台的法规,货代公司缺少信息追踪以及相关信息调研的部门,极有可能会触犯这些规定,从而招致处罚,轻则罚款,重则有可能被吊销当地的经营资格。

模块二 货代业务风险防范

能力目标:提高货代风险防范意识
知识目标:了解提高货代业务风险防范意识的方法

任务训练

提高防范货代业务风险的能力

工作情境:师傅告诉小张,货代要时刻保持警觉,对货代业务中可能出现的风险要有一定的预见力和判断力。师傅给小张举了个例子:

某外贸公司先后与伦敦 B 公司和瑞士 S 公司签订两个出售农产品合同,共计 3500 吨,价值 8.275 万英镑。装运期为当年 12 月至次年 1 月。但由于原定的装货船舶出故障,只能改装另一艘外轮,至使货物到 2 月 11 日才装船完毕。在某外贸公司的再三请求下,我捷达代理公司将提单的日期改为 1 月 31 日,货物到达鹿特丹后,买方对装货日期提出异议,要求外贸公司提供 1 月份装船证明。外贸公司坚持提单是正常的,无需提供证明。结果买方聘请律师上货船查阅船长的船行日志,证明提单日期是伪造的,立即凭律师拍摄的证据,向当地法院控告并由法院发出通知扣留该船,经过4个月的协商,最后,外贸公司赔款2.09万英镑;买方方才肯撤回上诉而结案,而外贸公司以此为由拒付货代业务一切费用。

成果检验:
从该案例中,我们应吸取什么教训?

知识链接

一、货代业务的风险防范

为了应对货代业务中可能存在的风险,货代要提高风险防范意识,合理应对风险。主要可以从以下几个方面着手。

(一)规范业务操作

建立一套严谨规范的操作流程,并且无论是经营者还是员工本身,都应严格遵守这些规范和流程。对于处于代理地位的货代公司来讲,这些规范最核心的内容就是严格按照货主的委托从事货运代理业务,也就是要时刻明确自己在货运代理业务当中的身份和地位,加强责任心,不凭一时的热情而意气用事,更不能因利益驱使而违背职业道德,只有这样才能尽最大可能地避免出现不应有的纠纷。

(二)正确使用保函

出具保函时应严格按照规定的流程来操作,一定要事先获得托运人或收货人的委托,并注意保留书面证据;其次,还要对要求出具保函的客户的资质加强审核,对于资质信誉较差的企业,决不能因为一时贪图眼前的利润而置风险于不顾。在托运人要求"电放"时,正确的操作方法应该是首先由托运人出具"电放"保函,然后货代公司才应向船公司发出"电放"请求,并出具"电放"保函。

在收取托运人或收货人的保函时,一定要注意保函出具人的资质,因为根据我国《中华人民共和国担保法》的规定,禁止企业单位的分支机构和职能部门担当保证人,因此,如果保函的出具者是某企业的分支机构,一定要取得该企业法人的书面授权才可以接受其保函。最后还要注意的是要明确保函的性质,因为就保函的法律效力而言,可分为一般保证和连带责任保证,一般保证是指通过法院判决以及强制执行均不能得到履行时,保证人承担保证责任,而连带责任保证则由保证人和债务人共同承担保证责任,只要债务人不履行债务时,债权人即可向保证人要求履行债务。

(三)切勿越权代理

作为货代公司来讲,要时刻牢记自己的代理身份,要注意加强与托运人的沟通。在有些特殊问题的处理上没有得到托运人的具体指示时,切不可根据以往经验擅自处理,一定要及时征得托运人的指示(最好是书面指示)以后方可采取措施。另外,货代公司还要注意加强员工职业道德的培养,因为有些越权代理行为很明显是由于企业员工因一时贪念违背了货主意愿而造成的,属于明知故犯,但其后果却十分严重。

转委托行为本身并没有过错,但一定要注意规范的操作方法,在得到货主同意的同时还要注意对整个过程加以监控,既做到对货主负责,同时又要避免给自身带来风险。

二、国际货运代理责任险

货代公司可以通过多种途径转移责任风险,而投保货代责任险就是一个很好的选择。

(一)国际货运代理责任风险的产生

国际货运代理所承担的责任风险主要产生于以下三种情况。

1. 货代本身的过失

货代未能履行代理义务,或在使用自有运输工具进行运输出现事故的情况下,无权向任何人追索。

2. 分包人的过失

在"背对背"签约的情况下,责任的产生往往是由于分包人的行为或遗漏,而货代没有任何过错。此时,从理论上讲货代有充分的追索权,但复杂的实际情况却使其无法全部甚至部分地从责任人处得到补偿,如海运(或陆运)承运人破产。

3. 保险责任不合理

在"不同情况的保险"责任下,单证不是"背对背"的,而是规定了不同的责任限制,从而使分包人的责任小于货代公司或免责。

(二)国际货运代理责任险的内容

国际货运代理责任险主要是承保货代因过失或疏忽所导致的风险损失。因为货代不管是作为纯粹的代理人,还是作为当事人,均应对本人及雇员的过失及疏忽负责,因而这一方面的责任风险肯定是货代责任险的承保内容,这些内容通常包括以下方面。

1. 错误与遗漏

(1)虽有指示但未能投保或投保类别有误;

(2)迟延报关或报关单内容缮制有误;

(3)发运到错误的目的地;

(4)选择运输工具有误,选择承运人有误;

(5)再次出口未办理退还关税和其他税务的必要手续;

(6)保留向船方、港方、国内储运部门、承运单位及有关部门追偿权的遗漏;

(7)不顾保单有关说明而产生的遗漏;

(8)所交货物违反保单说明。

2. 仓库保管中的疏忽

仓库保管中的疏忽是指在港口或外地中转库(包括货代公司自己拥有的仓库或租用、委托暂存其他单位的仓库、场地)监卸、监装和储存保管工作中代运的疏忽与过失。

3. 货损货差责任不清

货损货差责任不清是指在与港口储运部门或内地收货单位各方交接货物时,数量短少、残损责任不清,最后由货代公司承担的责任。

4. 迟延或未授权发货

(1) 部分货物未发运;

(2) 港口提货不及时;

(3) 未及时通知收货人提货;

(4) 违反指示交货或未经授权发货;

(5) 交货但未收取货款。

(三) 国际货运代理责任保险的除外责任

虽然货代的责任可以通过投保责任险将风险事先转移,但作为货代必须清楚地懂得,投保了责任险并不意味着保险公司将承保所有的风险。保单中往往都有除外条款,即保险公司不予承保,所以要特别注意阅读保单中的除外条款。另外,保单中同时订有要求投保人履行的义务条款,如投保人未尽其义务,也会导致保险公司不予赔偿的后果。

除外责任适用于各种保险,包括责任保险的保单中,除外条款和限制通常有:

1. 对在承保期间以外发生的危险或事故不予承保;

2. 索赔时间超过承保条例或法律规定的时效;

3. 保险合同或保险公司条例中所规定的除外条款及不在承保范围内的国际货运代理的损失;

4. 违法行为造成的后果,如运输毒品、枪支、弹药、走私物品或一些国家禁止的物品;

5. 蓄意或故意行为,如倒签提单、预借提单引起的损失;

6. 战争、外敌入侵、敌对行为、内战、反叛、革命、起义、军事或武装侵占、罢工、停业、暴动、骚乱、戒严和没收、充公、征购等的任何后果,以及为执行任何政府、公众或地方权威的指令而造成的任何损失或损害;

7. 任何由核燃料或核燃料爆炸所致核废料产生的离子辐射或放射性污染所导致、引起或可归咎于此的任何财产灭失、摧毁、毁坏或损失及费用,不论直接或间接,还是作为其后果损失;

8. 超出保险合同关于赔偿限额规定的部分;

9. 事先未征求保险公司的意见,擅自赔付对方,亦可能从保险公司得不到赔偿或得不到全部赔偿。

FOB 出口指定货代的风险防范

在国际货运代理业务中,FOB 货是目前很大的一块,即客户大多会指定一个货代来操作运输过程中的事宜。虽然指定了货代会给出口方省去很多工作中的麻烦,但就是因为客户指定,所以往往会无形中存在一定的风险。只有处理好与指定货代的合作,才能在获得合法利益的基础上得到方便。

关于 FOB 下指定货代的使用问题,主要存在两个风险:一个是无单放货,另外一个是收费不合理。

一般 FOB 指定货代,只要能确认客户的资信,基本上不太会出现问题,所以,在与国外客户把订单确认后,首先要及时向客户索要国内代理资料,在中华人民共和国交通部的网站查一下这个代理是否是无船承运人,另外向代理询问出什么提单,如果这家代理所出的提单抬头和交通部备案的公司不一致的话,则需要这个代理作为签单代理出具一份保函。这都是为将来发生无单放货进行索赔时,提供有力的证据。如果对方没有无船承运人的资格就要格外小心。因为现在注册一家货代很容易,一万元就可以注册。但是无船承运人不一样,要交 80 万的保证金,这样的公司是不敢无单放货的。

在订舱前,让代理书面确认 LOCAL 费用,有的指定货代要收取 200~300 人民币的订舱费或者操作费。有的单证费高得惊人,有的汇率高得惊人。如果发现收费不合理的话,可以先和这家代理商讨,能免则免,能降则降。其实很多国内的代理就靠这个赚钱,国外代理现在很多都不分利润。

关于提单。提单最好是要船东提单,不然如果是货代提单,无单放货也不是不可能的,毕竟货代是客户指定的,自己已经在单证上没有主动权。至于提单的话,尽量做成 to order of the shipper。采用记名提单,退运和转卖的程序较复杂。

项目小结

一、学习重点

1. 学习货代业务中面临的风险和风险防范方法
2. 学习货运业务中责任的划分方法

二、水平测试

1. 某货代公司经营国际集装箱拼箱业务,此时他是 CONSOLIDATOR,由于他签发自己的提单,所以他是无船承运人(以下称为无船承运人)。2011 年 9 月 15 日,该无船承运人在日本神户港自己的 CFS 将分别属于六个不同发货人的拼箱货装入一个 20 英尺的集装箱,然后向某班轮公司托运。该集装箱于 2011 年 9 月 18 日装船,班轮公司签发给无船承运人 CY/CY 交接的 FCL 条款下的 MASTER B/L 一套;无船承运人然后向不同的发货人分别签发了 CFS/CFS 交接的 LCL 条款下的 HOUSE B/L 共六套,所有的提单都是清洁提单。2011 年 9 月 23 日载货船舶抵达提单上记载的卸货港。第二天,无船承运人从班轮公司的 CY 提取了外表状况良好和铅封完整的集装箱(货物),并在卸货港自己的 CFS 拆箱,拆箱时发现两件货物损坏。2011 年 9 月 25 日收货人凭无船承运人签发的提单前来提货,发现货物损坏。

请问:

(1) 收货人向无船承运人提出货物损坏赔偿请求时,无船承运人是否要承担责任?为什么?

(2) 如果无船承运人向班轮公司提出集装箱货物损坏的赔偿请求时，班轮公司是否要承担责任？为什么？

(3) 无船承运人如何防范这种风险？

2. A 货运代理公司空运部接收货主的委托，将一台重 12 千克的红外线测距仪从沈阳空运至香港。该批货物价值 6 万余元人民币，但货物"声明价值"栏未填写。A 货运代理公司按照正常的业务程序，向货主签发了航空分运单，并按普通货物的空运费率收取了运费。由于当时沈阳无直达香港的航班，所有空运货物必须在北京办理中转。为此 A 货运代理公司委托香港 B 货运代理公司驻北京办事处办理中转业务。但是，由于航空公司工作疏忽，致使该货物在北京至香港的运输途中遗失。

根据以上案情，请回答如下问题：

(1) A 货运代理公司和 B 货运代理公司的法律地位是什么？它们是否应对货物遗失承担责任？

(2) 本案是否适用国际航空货运公约？为什么？

(3) 货主认为应按货物的实际价值进行赔偿的主张是否有法律依据？为什么？

附录一　货代常用英语

1. IGO：inter-government organization 政府间国际组织
2. NGO：non-government organization 非政府间国际组织
3. ICS：international chamber shipping 国际航运公会
4. BIMCO：baltic and international maritime council 波罗的海国际海事协会
5. CMI：committee maritime international 国际海事委员会
6. IMO：international maritime organization 国际海事组织
7. SF：stowage factor 货物积载因数
8. IMDG：international maritime dangerous goods code 国际海运危险货物规则
9. SOC：shipper's own container 货主箱
10. COC：carrier's own container 船公司箱
11. TEU：twenty-foot equivalent units 计算单位,也称20英尺换算单位
12. FCL：full container load 整箱货
13. LCL：less container load 拼箱货
14. CY：container yard 集装箱堆场
15. CFS：container freight station 集装箱货运站
16. DOOR：货主工厂或仓库
17. DPP：damage protection plan 损害修理条款
18. SC：service contract 服务合同
19. B/N：booking note 托运单
20. S/O：shipping order 装货单,也称下货纸、关单
21. M/R：mate's receipt 收货单,也称大副收据
22. M/F：manifest 载货清单,也称舱单
23. S/P：stowage plan 货物积载图,也称船图、舱图
24. D/O：delivery order 提货单,也称小提单
25. MSDS：maritime shipping document of safety 危险货物安全资料卡
26. D/R：dock's receipt 场站收据
27. EIR(E/R)：equipment interchange receipt 设备交接单
28. CLP：container load plan 集装箱装箱单
29. B/L：bill of lading 提单
30. HB/L：house bill of lading 代理行提单,或称子提单
31. MB/L：master B/L 海运提单,或称母提单
32. On board B/L (Shipped B/L) 已装船提单
33. Received for Shipment B/L 收货待运提单

34. Straight B/L 记名提单
35. Open B/L (Blank B/L, Bearer B/L) 不记名提单
36. Order B/L 指示提单
37. Clean B/L 清洁提单
38. Foul B/L (Unclean B/L) 不清洁提单
39. Direct B/L 直达提单
40. Transshipment B/L 转船提单
41. Through B/L 联运提单
42. Combined Transport B/L (Multimodal Transport B/L) 多式联运提单
43. Minimum B/L 最低运费提单,也称起码提单
44. Advanced B/L 预借提单
45. Anti-dated B/L 倒签提单
46. Stale B/L 过期提单
47. On deck B/L 甲板货提单过期
48. NVOCC：non-vessel operations common carrier 无船公共承运人或无船承运人
49. Hague Rules 海牙规则
50. Visby Rules 维斯比规则
51. Hamburg Rules 汉堡规则
52. SDR：special drawing rights 特别提款权
53. LOI：letter of indemnity 保函,也称损害赔偿保证书
54. SLAC：shipper's load and count 货主装载、计数
55. SLACS：shipper's load, count and seal 货主装载、计数和加封
56. STC：said to contain 内容据称
57. SWB：seaway bill 海运单
58. V/C：voyage charter 航次租船,简称程租
59. T/C：time charter 定期租船,简称期租
60. TCT：time charter on trip basis 航次期租
61. COA：contract of affreightment 包运租船,简称包船
62. C/P：charter party 租船合同
63. F/N：fixture note 确认备忘录,也称订租确认书
64. GENCON："金康"合同,全称为波罗的海国际海事协会统一杂货租船合同
65. DWT：dead weight tonnage 载重吨
66. GRT：gross registered tonnage 总登记吨,简称总吨
67. NRT：net registered tonnage 净登记吨,简称净吨
68. LOA：length over all 船舶总长度
69. BM：beam 船宽
70. MT：metric tons 吨(1000 千克)
71. Laycan：layday/canceling date 受载期与解约日
72. Liner Terms 班轮条款,即船方负担装卸费

73. Berth Terms 泊位条款，即船方负担装卸费
74. Gross Terms 总承兑条款，即船方负担装卸费
75. FAS：free alongside ship 船边交接货条款，即船方负担装卸费
76. FI：free in 船方不负担装货费
77. FO：free out 船方不负担卸货费
78. FILO：free in, liner out 船方不负担装货费但负担卸货费
79. LIFO：liner in, free out 船方不负担卸货费但负担装货费
80. FIO：free In and out 船方不负担装卸费
81. FIOST：free in and out, stowed and trimmed 船方不负担装卸费、平舱费和堆舱费
82. N/R（NOR）：notice of readiness 装卸准备就绪通知书
83. WIBON：whether in berth or not 不论靠泊与否
84. WICCON：whether in custom clearance or not 不论海关手续办妥与否
85. WIFPON：whether in free pratique or not 不论通过检疫与否
86. WWDSHEXUU：weather working days, sunday, holidays excepted, unless used 晴天工作日，星期天和节假日除外，除非已使用
87. WWDSHEXEIU：weather working days, sunday, holidays excepted, even if used 晴天工作日，星期天和节假日除外，即使已使用也除外
88. WWDSATPMSHEX：weather working days, saturday PM, sundays, holidays excepted 晴天工作日，星期六下午、星期天和节假日除外
89. WWDSSHEX：weather working days, saturday, sundays, holidays excepted 晴天工作日，星期六、星期天和节假日除外
90. CQD：customary quick dispatch 按港口习惯快速装卸
91. WTS：working time saved 节省的工作时间
92. BFI：baltic freight index 波罗的海运价指数
93. CCFI：china container freight index 中国出口集装箱运价指数
94. BAF：bunker adjustment factor; or bunker surcharge 燃油附加费
95. CAF：currency adjustment factor 货币附加费
96. THC：terminal handling charges 码头作业附加费，或称码头操作费
97. PSS：peak season surcharge 旺季附加费
98. DDC：destination delivery charges 目的地交货费
99. FAK：freight all kinds 均一包箱费率
100. FCS：freight for class 基于商品等级的包箱费率
101. FCB：freight for class and basis 基于商品等级和计算标准的包箱费率
102. ICAO：international civil aviation organization 国际民用航空组织
103. IATA：international air transport association 国际航空运输协会
104. SITA：society international de telecommunication aero-nautiques 国际航空电信协会
105. AWB：air waybill 航空货运单
106. HAWB（HWB）：house air waybill 航空分运单
107. MAWB（MWB）：master air waybill 航空主运单

108. TC1,TC2,TC3 航空区划1、航空区划2、航空区划3
109. GMT：greenwich mean time 世界标准时,也称格林尼治时
110. TACT：the air cargo tariff 航空货物运价
111. TACT Rules 航空货物运价手册
112. CA：air china limited 中国国际航空公司
113. CZ：china southern airlines 中国南方航空公司
114. MU：china eastern air holding company 中国东方航空公司
115. CAO：cargo aircraft only 仅限货机
116. SLI：shippers letter of instruction 空运托运书
117. CBA：cargo booking advance 国际航空货物订舱单
118. TRM：cargo transfer manifest 转运舱单
119. LAR：live animal regulation 活动物规则
120. DGR：dangerous goods regulations 危险物品手册
121. GCR：general cargo rate 普通货物运价
122. SCR：specific commodity rate 指定商品运价
123. AW：air waybill fee 货运单费,承运人收取此费为AWC;代理人收取此费为AWA
124. CH：clearance charge 清关费,代理人收取此费为CHA(clearance charge for agent)
125. SU：surface charge 地面运输费,代理人收取此费为SUA(surface charge for agent)
126. DB：disbursement fee 垫付款手续费
127. RA：dangerous goods surcharge 危险品处理费,承运人收取此费为RAC,代理人收取此费为RAA
128. SD：surface charge destination 目的站地面运输费
129. CC：charges collect 运费到付
130. PP：charges prepaid 运费预付
131. ULD：unit load device 集装器,集装化设备
132. NVD：no value declared 没有声明价值
133. NCV：no commercial value 无商业价值
134. CCA：cargo charges correction advice 货物运费更改通知
135. OFLD：off loaded 卸下,拉货
136. SSPD：short-shipped 漏(少)装
137. OVCD：over-carried 漏卸
138. POD：proof of delivery 交付凭证
139. CASS：cargo account settlement system 货运账目清算系统
140. IPI：interior point intermodal 内陆公共点多式联运
141. SLB：siberian land bridge traffic 西伯利亚大陆桥运输
142. OCP：overland common point 内陆公共点或陆上公共点运输
143. MLB：mini land bridge 小陆桥运输

附录二　货代常用单据

SHIPPING ORDER

SHIPPER/EXPORTER KAIQI GROUP CO.,LTD	DOCUMENT NO
	S/C NO.
CONSIGNEE DAIN SYSTEM 643-2 OTAE-DONG GUMI-CITY GYEONGBUK, KOREA TEL:0082-54-4446651 FAX:0082-54-4586696	NO. OF ORIGINAL B/L
NOTIFY PARTY SAME AS CONSIGNEE	
PRE-CARRIAGE BY	PLACE OF RECEIPT
OCEAN VESSEL/VOYAGE	PORT OF LOADING NINGBO	FINAL DESTINATION(FOR THE MERCHANT'S REFERENCE ONLY)
PORT OF DISCHARGE BUSAN	PLACE OF DELIVERY BUSAN	

MARKS AND NUMBERS	NO. OF CONT OR OTHER PKGS.	DESCRIPTION OF PACKAGES AND GOODS	GROSS WEIGHT	MEASUREMENT
N/M	1X40'H 243CTNS	PLAYGROUND SYSTEMS **FREIGHT COLLOCET*	4480KGS	68CBM

REMARKS:　　　　TO：豪捷
请配本周4月30结5月1开的BUSAN　1X40'H　KMTC

凯奇装

娄

附图 2-1

浙江屹隆国际货运代理有限公司出口货物托运单

Shipper（发货人） KAIQI GROUP CO.,LTD	工作编号： ERZJ1105001	
	进仓编号：	
Consignee（收货人） DAIN SYSTEM643-2 OTAE-DONG GUMI-CITY GYEONGBUK, KOREA TEL:0082-54-4446651 FAX:0082-54-4586696	费用确认： USD 费用：	RMB 费用：
Notify Party（通知人） SAME AS CONSIGNEE	：$ 应付USD汇总：$	：¥ 应付RMB汇总：¥

预配船名	预配航次	配船日期 2010-04-19		
Port pf Loading（装货港） NINGBO	Port of Discharge（卸货港） BUSAN	Place of Delivery（交货地点） BUSAN		
Carry（船司） KMTC	Payment（付款方式） FREIGHT COLLECT	Container Load Type（运输方式） CY-CY		Containers（箱量） FCL 40'HQ*1;
Marks（唛头） N/M	No. of Containers or P'kgs. Kind of Packages: Description of Goods（包装类 （箱数或件数） 型与货名） 243CARTONS PLAYGROUND SYSTEMS		Gross Weight 毛重（公斤） 4480KGS	Measurement 尺码（立方米） 68CBM

TO： FROM：张俊杰 电话： 传真： 说明：FOM;张俊杰 电话；0574-87817227 传真；0574-87817222 联系人；张俊杰 手机；13386620562 QQ；754473730 地址；宁波市惊驾路555号中信泰富广场A座505室	订舱要求： 请配本周4月30结5月1开的BUSAN 1X40'H KMTC TO：豪捷

打印人：张俊杰[zhangjj] 报表时间：2011-04-21 9:58:24

NBEPORT HY2008

附图 2-2

宁波港东南物流有限公司
NINGBO PORT SOUTHEAST LOGISTICS CO.,LTD.

装 箱 单 / CONTAINER LOAD PLAN

SEL_HYB_322028

集装箱号 Container No.	集装箱规格 Type of Container: 40GP
铅封号 Seal No.	20 40

船 名 Ocean Vessel	航 次 Voy No.	装货港 Port of Loading	中转港 Port of Tranship	
MSC SUSANNA	V.D1026R	NINGBO 北仑四期	FRFOS	
			卸货港 Port of Discharging	FOS

提单号码 B/L No.	标志和号码 Marks & Numbers	件数及包装种类 No. & Kind of Pkgs.	货 名 Description of Goods	重量(公斤) Weight Kg	尺码(立方米) Measurement Cu.M.	备 注 Remarks
177CNGNGN00516 1004052	MECAFER	599CARTONS	SPRAY GUN AND SPRAY GUN ACCESSORIES S/C:933-1	实际毛重:_____KGS 各工厂注意：请如实填写"实际毛重"，如未填或错填则由贵司无条件自行承担每箱USD1000的罚款及一切后果，请千万注意！！！	56.091CBM	
		总 件 数 Total Number of Packangs 重量及尺码总计 Total Weight & Measurement			冷藏温度 ℃ ℉	

驾驶员签收及车号 孙坚刚 057487096388	装箱人签名	总 毛 重 Gross Weight

装箱人名称/地址/电话：

1999-12-31

各装箱单位：
　　如有件数、毛重更改请务必在装箱单上显示。
车队提箱时须知：
　　不得破损、污染、水湿，否则由此引起一切损失由车队负责。
东南物流海运部

到厂时间：　　　　　　　电话：
离厂时间：　　　　　　　传真：
*备注: 如未按要求服务，请在装箱单上注明或投诉。
请工厂相关负责人装完箱后必须填写，否则以车队提供的时间为准！

附图 2-3

浙江屹隆国际货运代理有限公司 海运部

Shipper（发货人） KAIQI GROUP CO., LTD	D/R No. （编号） NWONB11W25016
	（箱属公司）特定船
Consignee（收货人） DAIN SYSTEM643-2 OTAE-DONG GUMI-CITY GYEONGBUK, KOREA REP. TEL: 0082-54-4586656 FAX:0082-54-4586696	（托运编号） TO: ［开航日期：2011-04-11］ ［装船日期：2011-04-11］
Notify Party（通知人） SAME AS CONSIGNEE	敬请确认！ 本传真件最晚确认日期： 1999-12-31 FROM：张俊杰 FOM；张俊杰 电话：0574-87817227 传真：0574-87817222 联系人；张俊杰 手机：15355107806 QQ；754473730 地址；宁波市惊驾路555号中信泰富广场 A座505室

Ocean vessel（船名）	Voy.No.（航次）	Port pf Loading（装货港）	
OCEAN EXPRESS	V1115E	NINGBO	

Port of Discharge（卸货港）	Place of Delivery（交货地点）	Final Desination for the Merchant's Reference（目的地）
BUSAN	BUSAN	BUSAN

Marks（唛头） N/M	No. of Containers or P'kgs.（箱数或件数） 159CARTONS	Kind of Packages: Description of Goods（包装类型与货名） PLAYGROUND SYSTEMS	Gross Weight 毛重（公斤） 4480KGS	Measurement 尺码（立方米） 68CBM

GESU5714284 NB180872 45G1

ON BOARD　FREIGHT COLLECT
　　　　　SHIPPER LOAD, COUNT & SEAL.
　　　　　CY-CY CONTAINER

Total Number of Containers or Packages (In Words) 集装箱或件数合计（大写）	SAY ONE HUNDRED AND FIFTY NINE CARTONS ONLY

zhangjj

No. of Original B(s)/L（正本提单份数）	THREE

打印人：张俊杰[zhangjj] 报表时间：2011-04-11 15:31:00
NBEPORT HY2008

附图 2-4

東方海外貨櫃航運有限公司
ORIENT OVERSEAS CONTAINER LINE
集装箱发放 / 设备交接单
EQUIPMENT INTERCHANGE RECEIPT

OUT 出场

Jan 10 2011 08:59:08 AM By EIRNIN

No. 10276200

用箱人 / 运箱人 (CONTAINER USER / HAULIER)	提箱地点 (PLACE OF DELIVERY)
明州公司	东华堆场

发往地点 (DELIVERED TO)	返回 / 收箱地点 (PLACE OF RETURN)
	远东码头

船名 / 航次 (VESSEL / VOYAGE NO.)	集装箱号 (CONTAINER NO.)	尺寸 / 类型 (SIZE / TYPE)	营运人 (CNTR. OPTR.)
OSAKA EXPRESS / 23E03		20GP	OOCL

提单号 (B/L NO.)	铅封号 (SEAL NO.)	免费期限 (FREE TIME PERIOD)	运载工具牌号 (TRUCK,WAGON,BARGE NO.)
OOLU2510841030			

出场目的/状态 (PPS OF GATE-OUT / STATUS)	进场目的/状态 (PPS OF GATE-IN / STATUS)	出场日期 (TIME OUT) 月 日 时	进场日期 (TIME IN) 月 日 时

① OOCL 留底

出场检查记录 (INSPECTION AT THE TIME OF INTERCHANGE)

普通集装箱 (GP CONTAINER)	冷藏集装箱 (RF CONTAINER)	特种集装箱 (SPECIAL CONTAINER)	发电机 (GEN SET)
☐ 正常 (SOUND) ☐ 异常 (DEFECTIVE)	☐ 正常 (SOUND) ☐ 异常 (DEFECTIVE)	☐ 正常 (SOUND) ☑ 异常 (DEFECTIVE)	☐ 正常 (SOUND) ☑ 异常 (DEFECTIVE)

损坏记录及代号 (DAMAGE & CODE)

| BR 破损 (BROKEN) | DT 凹损 (DENT) | M 丢失 (MISSING) | DR 污箱 (DIRTY) | DL 危标 (DG LABEL) |

左 侧 (LEFT SIDE) 右 侧 (RIGHT SIDE) 前 箱 壁 (FRONT) 集装箱内部 (CONTAINER INSIDE)

顶 面 (TOP) 底 板 (FLOOR BASE) 箱 门 (REAR)

如有异状，请注明程度及尺寸 (REMARK)。

除列明者外，集装箱及集装箱设备交接时完好无损，铅封完整无误。
THE CONTAINER / ASSOCIATED EQUIPMENT INTERCHANGED IN SOUND CONDITION AND SEAL INTACT UNLESS OTHERWISE STATED

用箱人/运箱人签署 (CONTAINER USER / HAULIER'S SIGNATURE)	码头/堆场值班员签署 (TERMINAL / DEPOT CLERK'S SIGNATURE)

附图 2-5

出境货物换证凭条

转单号	330500211029401T 1937	报检号	330500211035287
报检单位	台州斯特美鞋业有限公司		
品　　名	鞋（PU）		
合同号	11TZHM-073	HS编码	6402992000
数(重)量	67272 双	包装件数	2803 纸箱	金额	134544 美元
评定意见：　贵单位报检的该批货物，经我局检验检疫，已合格。请执此单到宁波局本部办理出境验证业务。本单有效期截止于2010年05月31日。　　　　　　　　　　　　　　　台州局本部 2011年 04月 01日			

乌克兰
核销单号 77941453┒

附图 2-6

核销单号：　　　　　　　　　　　　　　　VSL:
特殊事项：　　　　　　　　　　　　　　　MB/LNO:
　　　　　　　　　　　　　　　　　　　　HB/LNO:

屹隆物流业务报告表

业务编号：　　　　　订舱单位：　　　　　船公司：

托单编号：　　　　　船期：　　　　　　　客户：

始运港：　　　　　　中转港：　　　　　　目的港：　　　　　　联系人：

件数：　　　　　　　毛重：　　　　　　　箱型：

PP/CC：　　　　　　 提箱港区：　　　　　进箱港区：

装箱地址、时间：　　　　　　　　　箱封号：

美元费用	应收款		应付款		应付方	人民币费用	应收款	应付款	应付方	
	PPD	CCT	PPD	CCT						
海运费						订舱费				第一联留底（白） 第二联财务（蓝） 第三联业务员（红）
AMS					包干费	THC				
保险费						文件费				
其　他						箱单费				
						电子装箱单				
						电放费				
						改单费				
						EDI				
						拖车费				
						提进附加费				
						进仓费				
						报关费				
小　计						商检费				
利　润						摩的费				
进项发票号：						快件费				
销项发票号：										
开票日期：						小　计				
收款日期：						利　润				

开票抬头：
开票备注：
寄票地址：

审核：　　　　　操作：　　　　　业务员：　　　　　商务：

附图 2-7

国 际 货 运 代 理 实 务

2011-04-21 Thu 17:29　　　　　　　　　　portever　　　　　　　　　　　　Page 1 of 1

Shipper Samegoal Industrial Co., Ltd.
Add: Flat/RM H 15/F Siu King BLDG 6 On Wah St Ngau Tau Kok,
Kowloon, Hong Kong TEL: +86 755 27690649
Mr. Henry Tan

B/L. No.　NGBFXT087917

 PORTEVER SHIPPING LTD.
OCEAN-BILL OF LADING
for Combined Transport of Port to Port Shipment

Consignee (if 'To Order' so indicate)
Sinotech Limited Units 6&7 Oaks Industrial Estate, Gilmorton Road,
Lutterworth, Leics. LE17 4HA, UKTEL:44 1455 557747
Mr. Tom Delday

RECEIVED the goods in apparent good order and condition and, as far as ascertained by reasonable means of checking, as specified above unless otherwise stated.
The carrier, in accordance with and to the extent of the conditions contained in this B/L and with liberty to sub-contract, undertakes to perform and/or in his own name to procure performance of the combined transport and the delivery of the goods, including all services which are necessary to such transport from the place and time of taking the goods in charge to the place and time of delivery and accepts responsibility for such transport and such services.
Weight, measures, marks numbers, quality, contents, descriptions and value as declared by the shipper but unknown by the carrier.
In accepting this B/L, the merchant expressly accepts and agrees to all its stipulations, exceptions and conditions whether written, printed, stamped or otherwise incorporated and in particular to the terms overleaf as if they were all signed by the merchant.
One of the B/s/L must be surrendered duly endorsed in exchange for the goods or delivery order.
IN WITNESS where of the number of original B/s/L have been signed, if not otherwise stated above, one of which being accomplished the others to be void.

Notify party (No claim shall attach for failure to notify)
SAME AS CONSIGNEE

Pre - carriage by	Place of receipt	For delivery please apply to :
		F.S. MACKENZIE LTD
Ocean vessel　　Voy　No	Port of loading	2/F. BOWDEN HOUSE, LUCKYN LNE, PIPPS HILL IND. ESTATE
ITAL CONTESSA　V.0613W	NINGBO	BASILDON, ESSEX SS14 3 AX, U.K.
Port of discharge	Place of delivery	TEL:44-1268-275555 FAX:44-1268-275556
SOUTHAMPTON	SOUTHAMPTON	

MARK & NUMBERS	Quantity & kind of packeages	DESCRIPTION OF PACKAGES AND GOODS	Gross weight, KGS	Measureme CBM
CH SINOTECH PKG/NO.1-2	2PALLETS	LCLCFS-CFS WHEEL HUB 04/18/2011 "DESTINATION PORT CHARGES INCL CISF FOR CONSIGNEE'S ACCOUNT"	700KGS	1.69CBM

TELEX RELEASE

*Total number of containers or Packages (in words)	SAY TWO PALLETS ONLY			
Freight and charges CCLU6464063/M676945 40HC FREIGHT PREPAID	Revenue tons	Rate　per	Prepaid	Collect
EX. RTAE　Prepaid at		Payable at	Place and date of issue	NINGBO LU11040308

附图 2-8

参 考 文 献

[1] 谢海燕.国际货运代理理论与实务[M].北京:中国商务出版社,2007.
[2] 邹勇,邓荣华.国际货运代理实务[M].成都:西南交通大学出版社,2007.
[3] 中国国际货运代理协会.国际货运代理专业英语[M].上海:中国商务出版社,2008.
[4] 张敏.国际货运代理实务[M].北京:北京理工大学出版社,2011.
[5] 张炳,余静.国际货运代理实务[M].上海:上海财经大学出版社,2011.
[6] 童宏祥.国际货运代理实务:货运单据缮制[M].上海:上海财经大学出版社,2011.
[7] 倪承超.国际货运代理实训[M].北京:清华大学出版社,2008.
[8] 余世明.国际货运代理基础理论与实务[M].广州:暨南大学出版社,2010.
[9] 中国国际货运代理协会组织.国际货运代理从业人员考试教材[M].北京:中国商务出版社,2010.
[10] 中国国际货运代理协会.国际货运代理理论与实务[M].北京:中国商务出版社,2009.
[11] 朱华兵.国际货运代理实务[M].杭州:浙江大学出版社,2010.
[12] 陈彩凤.国际货运代理[M].北京:清华大学出版社,2010.